1. Auflage, 2015
Erschienen im Synergia Verlag
Basel, Zürich, Roßdorf
www.synergia-verlag.ch

Vertrieb durch Synergia Auslieferung
www.synergia-auslieferung.de

Alle Rechte vorbehalten
Copyright 2015 by Synergia Verlag

Fotos: Andrea Kurtz
Umschlaggestaltung: FontFront.com, Roßdorf
Gestaltung und Satz: Svenja Sachs, FontFront.com, Roßdorf
Printed in EU
ISBN: 978-3-944615-20-2

Andrea Kurtz

Wildkräuter einfach & lecker

Unkraut satt für jedermann

Wildkräutergerichte von und mit:

Vorwort	9
Die Autorin: Andrea Kurtz	13
Die berüchtigte Brennnessel	15
Wildspinatrisotto	18
Brennnesselpastete	20
Brennnesselauflauf	22
Brennnesselgemüse mit Spiegelei & Kartoffelbrei	24
Brennnessel-Knoblauch-Gemüse mit Lachssteak	26
Penne mit einer Gorgonzola-Brennnessel-Sauce	28
Brennnesselsalat mit Cocktailtomaten & Schafskäse	30
Die Sonne am Wegesrand – der Löwenzahn	33
Kartoffelsalat mit Löwenzahn	36
Rührei mit Löwenzahn	38
Löwenzahnsalat mit Stachelbeeren und Himbeerdressing	38
Wildkräuterpizza	40
Wilde Schätze der Natur – der Klee	43
Bunte Gemüsereispfanne mit rotem Klee	46
Kartoffel-Klee-Püree mit Bratkartoffeln	48
Nudeln mit einer feinen Kleesauce	50
Die schöne Ausdauernde – das Gänseblümchen	53
Risotto mit Gänseblümchen & Hähnchenkeule	56
Kartoffelstampf mit Gänseblümchen & Hackfleischbällchen	58
Quark-Frischkäsebällchen mit Gänseblümchen	60
Sonnentinktur mit Gänseblümchen	62

Ein wunderschöner und gesunder Bodendecker - der Giersch ... 65
- Risotto mit Giersch und gebratenen Scampis ... 68
- Nudelauflauf mit Giersch ... 70
- Giersch-Brennnessel-Lasagne ... 72
- Gierschkartoffeln mit Champignons ... 74
- Gebackener Camembert mit Gierschgemüse & Preiselbeeren ... 76
- Gierschgemüse mit Ziegenfrischkäse im Speckmantel ... 76

Die Grünkraft der Vogelmiere ... 79
- Salat aus einem Vogelmierebett mit Tomaten & Mozarella ... 82
- Spargel mit Erdbeeren auf Vogelmiere ... 84
- Vogelmiere mit Granatapfel & Schafskäse ... 86
- Wrap mit Vogelmiere, Mais & Paprika ... 88
- Vogelmiere mit schwarzen Oliven & Wassermelone ... 90
- Vogelmiere mit Champignons & Nektarinen ... 92
- Vogelmiere mit Orangen, Radieschen & Kapuzinerkresse ... 94
- Vogelmiere mit Mozarellakugeln und Heidelbeeren ... 96

Ein kraftvoller und vitaminreicher Frühlingsbote - das Scharbockskraut ... 99
- Scharbockskraut mit Trauben und Walnüssen ... 102
- Märzveilchen-Scharbockskraut-Salat mit Orange ... 104
- Dinkel-Mandel-Bratling mit Waldtzatziki auf Scharbockskraut ... 106

Anti-Aging pur - der Bärlauch ... 109
- Bärlauchsuppe ... 112
- Steak mit Waldtzatziki ... 114
- Kartoffeln mit Bärlauch an Tomaten ... 116
- Spaghetti mit Bärlauchsoße ... 118

Ein altes Heilkraut – der Venus geweiht - die Taubnessel ... 121
- Taubnessel-Auflauf mit Schafskäse & Tomate ... 124
- Taubnesselsuppe ... 126

Röstis mit Taubnesselgemüse	128
Taubnesselgemüse mit Kräutermatjes & Kartoffeln	130
Cordon bleu mit Fenchel-Taubnesselgemüse	132

Erste Hilfe aus der Welt der Pflanzen - der Spitzwegerich — 135

Salat aus Spitzwegerich, Karotte, Apfel mit Baguette an Kräuterbutter	138
Spitzwegerichsuppe	140
Warmer Spitzwegerichsalat auf einem Orangenbett	142
Falafel mit Spitzwegerich-Orangengemüse	144
Spitzwegerich als Tee	146
Spitzwegerich als Gewürz	146

Eigenwillig und beständig - das Klettenlabkraut — 149

Guten-Morgen-Smoothie	152
Spargelsuppe mit Labkraut	154
Klettenlabkrautgemüse auf Kiwi angemacht	156

Ein aufstrebender Hingucker - die Knoblauchsrauke — 159

Knoblauchsrauke-Dip	162
Giersch-Dip	162
Brennnessel-Dip	162
Drillingskartoffeln mit Kräuterquark	164
Wildkräuterpesto	166

Die Augenbraue der Venus - die Schafgarbe — 169

Nudelsalat mit Schafgarbe	172
Schafgarbe mit Tomaten & Schafskäse	174
Wildkräutersalat „Spezial"	176
Essener Brot	178

Schlusswort — 181

Bildnachweis — 182

Liebe Wildkräuterinteressierte,

ich freue mich, dass Sie dabei sind, ein altes Gut wiederzuentdecken. Ein Gut, dass lange in Vergessenheit geraten ist und gerade aus seinem stiefmütterlichen Dasein wieder wachgeküsst wird. Unzählige Lebensmittelskandale und ein neues Medieninteresse haben dazu geführt, dass die Wildkräuter wieder mehr im Blickpunkt stehen und eine Renaissance erfahren. Zu Recht, denn unser vermeintliches Unkraut kann in vielen Dingen punkten: Es strotzt nur so vor Energie und Gesundheit und einer damit einhergehenden Nährstoffdichte. Dies alles überträgt das Wildkraut auch auf denjenigen, der es isst! Unkraut ist gesund, vegan, regional, schnell nachwachsend und steht uns sogar als kostenloses Biogemüse nachhaltig zur Verfügung. Es bietet die Möglichkeit, unsere Lebensmittel zu ergänzen und neue Ressourcen zu entdecken. Doch was hindert uns, dieses wertvolle Gut auch für uns zu nutzen? In der Regel hängt es damit zusammen, dass uns schlicht und einfach die Erfahrung und die damit einhergehende Sicherheit im Umgang mit Wildkräutern fehlt. Weder unsere Vorfahren, unsere Eltern noch unser Schulwesen haben dieses alte Wissen um Kräuter in der Breite weitergegeben. Somit ist es vielerorts in Vergessenheit geraten. Doch wer von Ihnen kennt nicht Löwenzahn, Brennnessel und Gänseblümchen? Und viele von Ihnen wissen bereits, dass diese Wildkräuter essbar sind. Darauf wollen wir aufbauen und Ihr theoretisches Wissen unter Anleitung dieses Buches auch ganz praktisch in bezaubernde gesunde Gerichte umsetzen. Gerade in der heutigen Zeit ist es wichtig, den Kontakt zur Natur nicht zu verlieren. Dazu gehört, das Wissen um die vielfältigen Möglichkeiten von Wildkräutern neu zu aktivieren und einzusetzen. Denn schließlich gilt: „Wissen ist Macht". Genau! In diesem Buch wollen wir dieses uralte Wissen wiederbeleben und auf schmackhafte Weise zusammen genießen.

Was bisher allgemein als Unkraut ungeliebt und vernichtet wurde, können Sie jetzt mit diesem Buch zu leckeren Köstlichkeiten verarbeiten, die sich im wahrsten Sinne des Wortes „sehen" lassen können. Denn wie heißt es so schön: „Das Auge isst schließlich mit". Wie wahr! Und mit Hilfe von essbaren Wildpflanzen und Blüten für jeden umsetzbar.

Bei diesem Buch müssen Sie kein Wildkräuterexperte sein oder werden, um wunderschöne leckere Gerichte aus „Unkräutern" zu zaubern. Nicht, dass Sie jetzt denken, ich gehöre zu der glücklichen Fraktion der Hobbyköche, die mit Leib und Seele mühelos aufwendige Gerichte zaubern. Dem ist nicht so. Fragen Sie meine Kinder. Dafür esse ich gut und gerne. Und zusätzlich bin ich eine leidenschaftliche Wildkräutlerin und das spiegelt sich in meinen Wildkräutergerichten wider. Sie sind mit kleinem Zeitaufwand herzustellen. Eben einfach & lecker. Damit Sie den Kräutern auch ein wenig hinter die Kulissen schauen können, habe ich die Besonderheiten der Kräuter vor den Gerichten jeweils beschrieben und mit Fotos dokumentiert, um Ihnen die „Seele" jedes Krautes nahe zu bringen.

Bereits mit dem kleinen 1x1 der Wildkräuter – Brennnessel, Löwenzahn, Klee, Gänseblümchen & Co – lässt sich eine Vielzahl von Gerichten gestalten. Lassen Sie sich inspirieren und uns gemeinsam loslegen ...

Ich wünsche Ihnen beim Schauen, Sammeln, Kochen und Genießen ganz viel Spaß und Freude.

Ihre Andrea Kurtz

Die Autorin: Andrea Kurtz

Ihre Leidenschaft zu Pflanzen und zum Gärtnern hat Andrea Kurtz zu den Wildkräutern geführt. Sie intensivierte ihr Wissen über die heimischen Kräuter und deren Wirkweisen. Die Energie und Kraft dieser wundervollen Ressource erlebt sie im eigenen Garten täglich neu.

Daraus hat sich ein Schwerpunkt entwickelt, nämlich die Wildkräuter gezielt in der Küche einzusetzen. Einfache Rezepte, die von jedermann ohne große Vorkenntnisse umgesetzt werden können, sind ihr ein besonderes Anliegen. So fällt es leicht, das wilde Gemüse als selbstverständliches Nahrungsmittel in den Alltag zu integrieren.

Seit 2012 bietet sie mit ihrer Firma »Wildkräuterlich« saisonale Wildkäuterseminare an. Auch Firmenkunden können bei »Wildkräuterlich« auf ein umfangreiches Angebot an Fortbildungen für Mitarbeiterinnen und Mitarbeiter zurückgreifen: die Teilnahme an betrieblichen Gesundheitstagen inklusive begleitender Vorträge, kräuterliche Exkursionen, eine Wildkräuterkochschule sowie darüber hinaus verschiedene weitere Seminare zu den Themen Resilienz, Stress & Balance im Arbeitsalltag jeweils kombiniert mit der Kraft und Energie der Wildkräuter.

In ihren Wildkräuterseminaren und auf Veranstaltungen wurde Andrea Kurtz immer wieder um einfache Rezepte gebeten, um einen leichten Zugang in die Wildkräuterküche zu ermöglichen: »Wildkräuter einfach & lecker – Unkraut satt für jedermann« ist das Resultat. Das Buch umfasst sechzig simple, aber zugleich geniale wie leckere Rezeptideen. Alle Rezepte wurden von der Autorin persönlich gekocht und fotografiert.

Dreizehn verschiedene Wildkräuter werden in diesem Buch »wachgeküsst«. Lassen Sie sich ein auf die Einheit von wilder Natur, bewusster Küche und gesunder Ernährung. Eine bunte, energiegeladene Mischung erwartet Sie: vegan, vegetarisch oder mit Fleisch.

Die berüchtigte Brennnessel (Urtica dioica)

Ja, die berüchtigte Brennnessel ... wer kennt sie nicht! Es gibt kaum jemanden, der noch nicht den unangenehmen Kontakt mit Ihren Brennhaaren gemacht hat. In der Regel unfreiwillig. Übersieht man die Brennnessel, brennt die Haut ganz fürchterlich. Auch der lateinische Begriff „urtica" lässt sich mit „brennen" übersetzen. Deswegen nehmen wir die Brennnessel lieber aus sicherer Distanz wahr. Sie ist eher unscheinbar, da sie keine schönen Blüten aufzuweisen hat. Dabei ist die Brennnessel bei genauerem Hinsehen ein altes Heilkraut und eine hervorragende Gemüsepflanze. Wenn man sich nicht von dem ersten Eindruck der Brennnessel abschrecken lässt, kann man sehr viel Positives erleben. Vor allen Dingen besticht sie durch ihren hohen Eisengehalt.

Der lateinische Name „Dioica" dagegen steht für „zweihäusig". Damit wird bereits ein Hinweis gegeben, dass die Brennnessel zweigeschlechtig ist. D.h es gibt männliche und weibliche Pflanzen.

Der angesetzte Pflanzensud der Brennnessel als Pflanzendünger ist Ihnen sicherlich bekannt. Aber kennen Sie auch Ihren Einsatz bei Designern wie Armani? Die Brennnessel erlebt in der Modewelt bereits eine Renaissance. Denn aus den Stängelfasern lassen sich Stoffe herstellen. Durch die positiven Stoffeigenschaften der Brennnessel erzeugt sie eine wohltuende Wärme und erreicht einen hohen Tragekomfort auf der Haut. Dank ihrer robusten Natur erzielt sie eine hohe Reißfestigkeit des Gewebes. Die Designer haben den Stoff, der bereits im 18. Jahrhundert Verwendung fand, wieder für sich entdeckt. Seien Sie auch dabei.

Aber warum? Was macht die Brennnessel für uns Menschen eigentlich so wertvoll? Die Brennnessel ist leicht harntreibend und fördert so die Ausscheidung von Giftstoffen. Im Frühjahr hilft eine Entschlackungskur mit dem Tee junger Brennnesseln gegen Frühjahrsmüdigkeit und zur Ausscheidung von Schlacken. Weiterhin gilt die Brennnessel als stoffwechselregulierend bei Übersäuerung bzw. Gicht.
Hilfreich gilt die Brennnessel gleichermaßen bei Erschöpfungszuständen zur Stoffwechselaktivierung wie zum Beispiel nach Infekten. Selbst zur Potenzsteigerung wird der Brennnessel, nämlich den Brennnesselsamen, nachgesagt, eine anregende Wirkung zu haben. Sie wird deshalb auch als pflanzliches Viagra bezeichnet.
In der Brennnessel sind zudem Phytohormone enthalten, die unterstützend auf die hormonelle Umstellung vom Jugendlichen zum Erwachsenen Einfluss nehmen. Bei der Vielfalt der Brennnesselwirkungen ist ihr Einsatzgebiet eindeutig unsere Haut: Die Brennnessel wirkt regulierend auf die Talgdrüsen und lindert so Akne als auch Allergien mit Juckreiz. Ihre ausleitenden, entgiftenden, entzündungshemmenden Wirkungen führen insgesamt dazu, unsere Haut zu unterstützen und zu stärken. Reichlich Einsatzmöglichkeiten – und das ist noch nicht alles.

Auch als Gemüsepflanze ist die Brennnessel sehr empfehlenswert. Denn sie hat einen hohen Vitamin- und Mineralstoffgehalt. Besonders hervorzuheben ist ihre Verwendung als „Wildspinat". Nehmen Sie immer nur die oberen Triebspitzen. Dann ist die Brennnessel bis in den Herbst hinein verwendbar. Äußerst lecker ... überzeugen Sie sich selbst.

Tipp: Die getrockneten Blätter sind als Geschmacksverstärker in Gewürzform hervorragend geeignet!

Wussten Sie, dass man die Brennnessel auch als Beigabe in Salaten essen kann? Die Brennhaare werden sozusagen „entwaffnet", indem man die Blätter kurz unter fließendes Wasser hält. Wenn Sie ganz sicher gehen wollen, gehen Sie im Anschluss nochmal mit der Nudelrolle über die Brennnesselblätter. Fertig sind Ihre Salatblätter!

Wildspinatrisotto

1. Zuerst die Zwiebel fein würfeln und in heißem Olivenöl andünsten bis die Würfel glasig sind.

2. Nun den Reis hinzufügen, kurz mit andünsten und mit Gemüsebrühe auffüllen (möglicherweise muss zwischendurch etwas Wasser nachgefüllt werden).

3. Das Risotto auf kleiner Flamme etwa 20 Minuten köcheln lassen.

4. Nebenbei die Brennnesseln unter Wasserdampf 10 Minuten garen und im Anschluss mit einer Schere klein schneiden.
   Die Brennnesseln können alternativ auch kurz in Olivenöl angeschwitzt werden.

5. Die geschnittenen Brennnesseln unter das fertige Risotto heben.

6. Bei Bedarf mit Salz und Pfeffer abschmecken.

7. Zum Schluss mit Parmesan bestreuen.

Fertig ist ein leckeres und supergesundes Gericht, das auch bestens für Kinder geeignet ist.

Zutaten für 4 Personen: 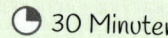 30 Minuten

- 10 Handvoll Brennnesseln (sieht erst mal viel aus, fällt beim Kochen jedoch stark zusammen)
- 1 Zwiebel
- Olivenöl
- 350 g Risottoreis
- 1,25 l Gemüsebrühe
- Parmesan
- Salz, Pfeffer

Brennnesselpastete

1. Die gewaschenen Brennnesseln ca. 3 Minuten in Salzwasser kochen und gut absieben.

2. Mit dem geriebenen Ziegenkäse und Schalotte/Knoblauch (frisch gepresst) mischen.

3. Wenn die Masse zu fest ist, noch etwas Milch oder Sahne unterrühren und mit Salz und Pfeffer würzen.

4. Eine Rolle Blätterteig auf dem Backblech auslegen und mit der Gabel einstechen.

5. Nun die Kräuter-Käse-Mischung gleichmäßig verteilen.

6. Im Anschluss die zweite Rolle Blätterteig über die Mischung legen und die Seiten gut zudrücken.

7. Abschließend mit dem Eigelb bestreichen.

8. Bei 180 Grad ca. 20 Minuten backen.

Und voilà ein Gericht zum Genießen.

> **Zutaten für 4 Personen:** 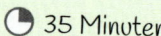 35 Minuten
> - 6 Handvoll Brennnesseln
> - 3 Schalotten/Knoblauchzehen
> - 200-250 g Ziegen- o. Schafskäse (gerieben)
> - 2 Rollen Blätterteig
> - Salz, Pfeffer
> - 1 Eigelb
> - Nach Bedarf etwas (Soja-)Milch oder Sahne

Brennnesselauflauf

1. Die Brennnesselblätter ca. 3 Minuten in Salzwasser kochen, absieben und kleinschneiden.

2. Die Brötchen in kleine Würfel schneiden und in einer eingefetteten Auflaufform mit heißer Milch übergießen, einige Minuten ziehen lassen.

3. Das geschnittene Brennnesselgemüse dazugeben.

4. Die feingehackte Zwiebel, den Knoblauch, die Gemüsebrühe und die Eier zusammen verrühren und über den Auflauf geben und mit dem geriebenen Emmentaler bestreuen.

5. Den Auflauf bei 180 Grad ca. 30 Minuten backen.

6. Bei Bedarf können Sie das fertige Gericht noch mit Salz und Pfeffer nachwürzen.

Ein exzellentes Gericht zum Verwerten von hart gewordenen Brötchen ... und zudem unglaublich lecker.

Zutaten für 4 Personen: 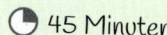 45 Minuten

- 8 Handvoll Brennnesseln
- 4 alte Brötchen
- 1 l Milch (alternativ Sojamilch)
- 200 g geriebenen Emmentaler
- 1 fein gehackte Zwiebel
- 2–3 Knoblauchzehen (alternativ 1 Handvoll Bärlauch)
- 3 Eier
- 2 Teelöffel Gemüsebrühe
- Salz, Pfeffer

Brennnesselgemüse mit Spiegelei & Kartoffelbrei

1. Die geschälten Kartoffeln in einem Topf ca. 20 Minuten kochen.

2. Währenddessen die Zwiebel fein schneiden und in einer Pfanne andünsten.

3. Anschließend die Brennnessel mit einer Schere grob in die Pfanne schneiden und unter mehrmaligem Wenden ca. 5-10 Minuten weiter mitdünsten.

4. In einer weiteren Pfanne die Eier braten.

5. Wenn die Kartoffeln fertig gekocht sind, mit Salz, Pfeffer und Muskat versehen und mit etwas (Soja-)Milch zu Kartoffelbrei verarbeiten.

Dann werden alle 3 Bestandteile mit den Gewürzgurken auf einem Teller zu einem einladenden Gericht angerichtet und serviert.

Zutaten für 4 Personen:  35 Minuten

- 12 Handvoll Brennnesseln
- 1 Zwiebel
- 4 Eier
- 1 Glas Gewürzgurken
- 750 g mehlige Kartoffeln
- Milch (alternativ Sojamilch)
- Muskat
- Salz, Pfeffer

Brennnessel-Knoblauch-Gemüse mit Lachssteak

1. Die fein geschnittenen Knoblauchzehen in einer Pfanne mit Öl andünsten.
2. Dann die Brennnessel mit einer Schere grob schneiden und hinzufügen, ca. 5–10 Minuten mitdünsten und mit Salz und Pfeffer würzen.
3. Währenddessen in einer anderen Pfanne die Lachssteaks mit Öl von beiden Seiten jeweils ca. 5–10 Minuten anbraten. Dabei nach Bedarf ein wenig salzen und pfeffern.
4. Am Ende die Lachssteaks mit ein wenig Zitronensaft beträufeln.

Zusammen auf einem Teller anrichten und die kulinarische Besonderheit genießen.

Zutaten für 4 Personen:  25 Minuten

- 12 Handvoll Brennnesseln
- 8 Knoblauchzehen
- 1 Zitrone
- 4 Lachssteaks
- Salz, Pfeffer

Penne mit einer Gorgonzola-Brennnessel-Sauce

1. Die Penne in einem Topf mit Wasser aufsetzen und ca. 10 Minuten kochen lassen.
2. Gleichzeitig die Sahne mit dem Gorgonzola zusammen in einen Topf geben und erhitzen, bis der Gorgonzola mit der Sahne verschmilzt.
3. Schneiden Sie die Brennnessel fein in die Gorgonzola-Sahne-Sauce. Tipp: Verwenden Sie für diesen Arbeitsschritt Handschuhe.
4. Noch 5 Minuten zusammen leicht köcheln lassen. Dabei nach Bedarf ein wenig salzen und pfeffern.
5. Die fertige Penne auf dem Teller anrichten und die Gorgonzola-Brennnessel-Sauce dazugeben.

Lassen Sie es sich schmecken. Guten Appetit.

Zutaten für 4 Personen:  25 Minuten

- 4 Handvoll Brennnesseln
- 750 g Penne
- 1 Becher Sahne
- 200 g Gorgonzola
- Salz, Pfeffer

Brennnesselsalat mit Cocktailtomaten & Schafskäse

1. Die Brennnesseln waschen und vorsichtig abschütteln.

2. Mit einer Nudelrolle kräftig über die Brennnesseln gehen. (Das vernichtet die Brennhaare!)

3. Die Brennnesseln klein schneiden und auf dem Teller anrichten.

4. Die Cocktailtomaten halbieren und ebenfalls auf dem Teller dekorieren.

5. Den Schafskäse in Würfel schneiden und über den Salat streuen.

6. Das gleiche machen Sie mit der Wassermelone: ein paar Stückchen mittig auf den Salat und auf den Rand des Tellers.

7. Dann das Dressing über den Salat verteilen und mit ein paar Gänseblümchen mittig dekorieren. Fertig ist ein vitaminreicher frischer Salat.

Nur Mut. (Auch mein erster Brennnesselsalat hat mich Überwindung gekostet, ihn zu probieren) Ein wunderbarer Natursalat. Lassen Sie es sich wie immer schmecken. Guten Appetit.

Zutaten für 4 Personen: 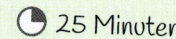 25 Minuten

- 6 Handvoll Brennnesseln
- 600 g Cocktailtomaten
- 200 g Schafskäse
- 200 g Wassermelone
- 1 Baguette oder Fladenbrot
- Gänseblümchen
- Salz, Pfeffer

Für das Dressing:
- 12 EL Öl
- 6 EL Balsamicoessig
- 1 EL Honig oder Zucker
- Salz, Pfeffer

Die Sonne am Wegesrand – der Löwenzahn (Taraxacum officinale)

Der Löwenzahn ist unser ständiger Wegbegleiter. Ob er sich im Garten, auf dem Blumenbeet, auf Rasenabschnitten neben dem Fußweg oder auf Feldern und Wiesen aussät, überall sieht man ihn. Vom Frühjahr bis in den Herbst gibt es kaum einen Tag, wo wir ihm nicht begegnen. Und während des Frühlings eine blühende Wiese voller gelber Löwenzahnblüten anzusehen ist zudem wunderschön und eine Wohltat für die Seele. Der Löwenzahn ist dadurch auch eine wichtige Bienenweide. Für 1 kg Honig müssen die Bienen 100.000 Löwenzahnblüten besuchen.

Löwenzahn ist mit den Zichorienpflanzen verwandt. Früher wurden seine jungen Wurzeln geröstet und als Kaffeeersatz verwendet. Der Löwenzahn ist als ganze Pflanze einschließlich der Wurzel verwendbar. Während des 2. Weltkrieges wurde der Löwenzahn bereits als Kautschukersatz eingesetzt. Heute ist ein großer Reifenhersteller wieder dabei, dieses Wissen zu nutzen. Ziel ist dabei, aus der Löwenzahnwurzel hochwertigen Naturkautschuk herzustellen. Denn die Kautschukgewinnung aus der Löwenzahnwurzel ist wetterunabhängiger möglich als die des Gummibaums und muss nicht auf weiten Wegen transportiert werden.

Löwenzahn enthält auch für uns als Lebensmittel viele hochwertige Inhaltsstoffe, die uns gut tun. Durch seine Bitterstoffe regt er unseren Verdauungsapparat an und die Ausleitung und Entgiftung von Schlacken wird ordentlich angeregt. Der Löwenzahn ist eine ideale Frühjahrskur und versorgt uns dabei auch noch mit einer Extraportion an Mineralstoffen und Vitaminen. Das sind vor allem Kalium und Vitamin C. Er wird deshalb auch als „Ginseng Europas" bezeichnet.

Weiterhin ist der Löwenzahn dafür bekannt, bei Leber- und Gallenleiden, Blasensteinen, Verstopfung, Gicht, Hautkrankheiten, Frühjahrsmüdigkeit, Wechseljahresbeschwerden und bei der Blutdruckregulierung hilfreich (als Tee) zu sein.

Außerdem wirkt er unterstützend bei chronischen rheumatischen und arthrotischen Beschwerden.

Der Löwenzahn gehört mittlerweile zu den Stars in der Wildkräuterküche. Ob in den Salat, in die Suppe, in einen Dipp, als Löwenzahnhonig ... die Einsatzmöglichkeiten in der Küche sind vielfältig.

> **Tipp:** Wer den herben Geschmack des Löwenzahns ein wenig abschwächen möchte, legt ihn einfach kurz in lauwarmes Wasser. Auch die Beigabe von Sahne, Crème fraîche, Honig oder süße Früchte mildern den bitteren Beigeschmack des Löwenzahns.

Kartoffelsalat mit Löwenzahn

1. Die Kartoffeln unter Wasserdampf garen oder alternativ in Salzwasser ca. 20 Minuten kochen.

2. Danach Kartoffeln schälen und in dünne Scheiben schneiden.

3. Anschließend die Gurken in feine Stücke schneiden und zu den Kartoffeln geben.

4. Nun mischen Sie das Wasser mit dem Gurkenwasser, dem Essig sowie etwas Salz und verrühren dies mit dem Schmand zu einer Marinade.

5. Dann wird die Marinade über die Kartoffeln gegeben.

6. Das ganze zugedeckt 1 Stunde im Kühlschrank ziehen lassen.

7. Kurz vor dem Servieren werden die 2 EL Öl dazugegeben und die in der Zwischenzeit klein geschnittenen Löwenzahnblätter werden dem Salat untergemischt.

Et voilà: fertig & köstlich ... zum Probieren.

Zutaten für 4 Personen:  1,5 Std.

- 1 Handvoll junge Löwenzahnblätter
- 750 g Kartoffeln
- 1/8 l Wasser
- 1 EL Essig
- 1 Becher Schmand (alternativ Mayonnaise)
- 2 EL Öl
- ca. 1/2 Glas (200 g) Gewürzgurken
- 6 EL Gurkenwasser
- evtl. Cocktailtomaten
- 1 TL Salz

Rührei mit Löwenzahn

1. Die Eier mit Salz und Pfeffer in der Pfanne verrühren.
2. Die Eimasse auf kleiner Flamme braten und zwischendurch immer wieder auflockern.
3. Währenddessen die Löwenzahnblätter fein schneiden.
4. Sobald das Rührei fast fertig ist, die zerkleinerten Löwenzahnblätter hinzugeben und noch einmal umrühren.

Mit dazu gereichtem Knäckebrot oder frischem Brot ist das eine köstliche und leckere Mahlzeit.

Zutaten für 4 Personen: 🕒 15 Minuten

- 2 Handvoll junge Löwenzahnblätter
- 8 Eier
- Salz, Pfeffer

Löwenzahnsalat mit Stachelbeeren und Himbeerdressing

1. Den gewaschenen Löwenzahn klein zupfen und auf die Teller dekorieren.
2. Anschließend die Stachelbeeren ebenfalls auf den Teller geben.
3. Nun alle Zutaten für das Dressing in den Mixer geben, verrühren und über dem Salat verteilen. Falls das Dressing noch zu dickflüssig sein sollte, geben Sie noch etwas Wasser hinzu.

Jetzt haben Sie einen schönen Sommersalat, der ihre Verdauung in Schwung bringt!

Zutaten für 4 Personen: 🕒 20 Minuten

- 6 Handvoll Löwenzahn
- 500 g Stachelbeeren

Für das Dressing:
- 200 g Himbeeren
- 1/2 EL Balsamicoessig
- 2 EL Öl
- 4 EL Wasser

Wildkräuterpizza

1. Das Mehl mit Öl und saurer Sahne verkneten.

2. Das Backblech einfetten.

3. Den Teig ausrollen und auf dem Blech verteilen.

4. Einen kleinen Rand hochdrücken, den Teig mit der Gabel mehrmals einstechen und ca. 10 Minuten vorbacken.

5. Anschließend die Passata und dann die Wildkräuter auf dem Teig verteilen.

6. Die Tomaten in Scheiben schneiden und auf der Pizza verteilen

7. Mit Oregano und Gemüsebrühe würzen und den geraspelten Käse darüber streuen.

8. Im vorgeheizten Backofen auf der unteren Schiene bei 220 Grad ca. 20 bis 30 Minuten backen.

Für eine Wildkräuterpizza à la Hawaii noch gekochten Schinken, Ananas (frisch oder aus der Dose) hinzugeben.

Zutaten für 5-6 Personen:  45 Minuten

- 400 g Weizenvollkornmehl
- 4 EL Öl für den Teig
- 2 bis 3 EL Öl zum Einfetten
- 1 Becher saure Sahne
- 1/2 TL Salz

Für den Belag:
- 4 Handvoll Brennnesselblätter
- 1 Handvoll Löwenzahnblätter
- 1 Handvoll Gierschblätter
- 1 Handvoll Knoblauchsraukenblätter
- Gemüsebrühe zum Abschmecken
- 2 Tomaten
- 2 Flaschen Passata
- 150 g geraspelter Gouda
- 1 TL Oregano

Wilde Schätze der Natur – der Klee (Trifolium)

Der Klee ist leicht erkennbar durch seine dreiblättrige Blattform und die roten oder weißen kugeligen Blüten. Das vierblättrige Kleeblatt steht als Glücksbringer und wird gerade von Kindern immer wieder gerne und ausdauernd gesucht. Wer kann schon widerstehen, auf einer Wiese nach dem Glücksklee zu suchen?
In der Symbolik der Christenheit steht das Vierblatt ursprünglich für das Kreuz und die vier Evangelien. Das dreifache Kleeblatt ist auch ein altes Symbol für die Dreiheit. Im Perserreich der Spätantike steht es zum Beispiel für die Götterdreiheit.
Sie kennen aber auch den Ausspruch „jemanden über den grünen Klee loben", womit im Ursprung eine Situation beschrieben wird, in der der Gelobte über Gebühr Lob bekommen hat. Damals hatte diese Redewendung die Bedeutung, dass dem Gelobten eine größere Lebenskraft zugesprochen wurde.

In Irland ist das Kleeblatt neben der Harfe ein Nationalsymbol. Zudem ist der Wiesenklee bereits seit 1895 die Staatsblume des US-Bundesstaats Vermont.

Auch die Bauart von Autobahnkreuzen wird als Kleeblatt bezeichnet.

Wenn er auf Wiesen in großen Ansammlungen steht, zeigt er uns im späten Frühjahr seine Blühkraft. Er ist ein Dauerblüher und ist bis in den Oktober hinein zu ernten. Der Wiesenklee besticht durch seinen hohen Anteil an Provitamin A und ist zusätzlich reich an Mineralstoffen. Das macht den Klee zu einem für uns wertvollen Lebensmittel.

Die im Wiesenklee enthaltenen Phytoöstrogene sind hilfreich bei Menstruationsbeschwerden, Wechseljahresbeschwerden oder beim Stillen. Sie werden auch zur Vorbeugung gegen hormonabhängige Krebserkrankungen eingesetzt (also bei Brust-, Gebärmutter- und Prostatakrebs). Wiesenklee kommt in der traditionellen chinesischen Medizin seit jeher bei Krebsleiden zum Einsatz.

Die Blätter und Blüten können als Salat oder als Wildgemüse gedünstet werden. Auch im Smoothie findet der Klee seine Verwendung.

Tipp: Wenn Ihnen die Blütenköpfe zu bissfest sind, zupfen Sie die Blüten einfach aus!

Bunte Gemüsereispfanne mit rotem Klee

1 Während der Naturreis in der Gemüsebrühe gekocht wird, wird gleichzeitig in einer Pfanne eine klein geschnittene Zwiebel in Öl glasig angedünstet.

2 Das Ganze wird dann mit Schmand abgelöscht.

3 Nun den in der Zwischenzeit kleingeschnittenen Paprika und den Mais hinzugeben.

4 Gleich im Anschluss den Klee mit der Schere fein in die Pfanne schneiden.

5 Würzen mit Salz und Pfeffer und ca. 10 Minuten dünsten. (Bitte achten Sie darauf, ob noch Wasser nachgegossen werden muss, da die Blütenköpfe gerne Flüssigkeit aufsaugen.)

6 Zum Verfeinern verwenden Sie noch etwas Sahne und Zitronensaft und heben den Naturreis unter.

Fertig ist ein farblich schönes und leckeres Gericht!

Zutaten für 4 Personen: 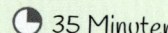 35 Minuten

- 4 Handvoll Klee (Blätter, Blüten)
- 350 g Naturreis
- 1-2 Würfel Gemüsebrühe
- 4 Paprika
- 1 Dose Mais
- 1 kleine Zwiebel
- 200 g Schmand
- bei Bedarf Sahne + Zitronensaft
- Salz, Pfeffer

Kartoffel-Klee-Püree mit Bratkartoffeln

1. Die fein gehackten Frühlingszwiebeln in der Pfanne kurz andünsten.

2. Den Speck fein würfeln und in der Pfanne mit den Zwiebeln leicht anbraten, die Kartoffelscheiben dazugeben. Eine Menge von ca. 2 Kartoffeln für das Püree reservieren.

3. Zwischendurch mit Salz, Pfeffer und Paprika würzen und weiterbraten, bis alles schön knusprig ist.

4. In der Zwischenzeit den kleingeschnittenen Klee in einer anderen Pfanne ebenfalls andünsten.

5. Dann die restlichen 2 geschnittenen Kartoffeln dazugeben.

6. Die Orange schälen und der Pfanne mit dem Klee beifügen.

7. Nun das Ganze unter Zugabe von etwas Gemüsebrühe und Sahne pürieren.

8. Anschließend die Bratkartoffeln auf den Tellern anrichten und das Kartoffel-Klee-Püree dazugeben. Mit einigen Gänseblümchen dekorieren.

Guten Appetit bei einer herzhaften Mahlzeit.

Zutaten für 4 Personen: 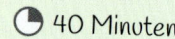 40 Minuten

- 4 Handvoll Klee
- 10 große Kartoffeln vom Vortag in Scheiben geschnitten
- 6 Frühlingszwiebeln
- 200g gewürfelter Speck
- 1-2 Orangen
- 1 Schuss Sahne
- Etwas Gemüsebrühe
- Öl
- Salz, Pfeffer
- Paprika

Nudeln mit einer feinen Kleesauce

1 Die Blütenknospen und Kleeblätter waschen und trocken tupfen.

2 Die Nudeln zum Kochen aufsetzen.

3 Dann die fein geschnittene Zwiebel im Öl glasig dünsten.

4 Anschließend den Klee (einige Kleeblüten als Deko aufheben) mit der Sahne und der geschälten Orange hinzugeben und ca. 5 Minuten mitdünsten.

5 Nun mit Salz und Pfeffer abschmecken und mit dem Mixstab oder Mixer pürieren.

6 Sobald die Nudeln fertig sind, mit der Kleesauce anrichten und mit einigen Kleeblüten verzieren.

Jetzt genießen Sie ein außergewöhnliches Pastagericht mit der Kraft des Klees ...

Zutaten für 4 Personen:  30 Minuten

- 2 Handvoll Kleeknospen und -blätter
- 750 g Nudeln
- 2 EL Öl
- 1/2 Zwiebel
- 1 Orange
- 250 g Sahne
- Salz, Pfeffer

Die schöne Ausdauernde – das Gänseblümchen (Bellis perennis)

Bellis perennis heißt übersetzt „die ausdauernde Schöne". Sie ist nicht nur eine ausdauernde sondern auch kräftige und widerstandsfähige Pflanze. Das Gänseblümchen wächst von Februar bis November.

Beim Anblick eines Gänseblümchenteppichs hebt sich unsere Stimmung. Das sonnige Wesen des Gänseblümchens schwappt förmlich auf uns über. Besonders hilfreich ist das Gänseblümchen bei Teenagern, weil sie beim Er-

wachsenwerden hilft. Ein Tee aus frischen oder getrockneten Blüten mildern die oft heftigen Stimmungsschwankungen in dieser Zeit. Zudem wirkt das Gänseblümchen lindernd und heilend auf Akne. Hier reinigt der Tee von innen und entschlackt unseren Körper. Die Bitterstoffe regen den Stoffwechsel und unsere Verdauungsorgane an. Das Gänseblümchen hilft auch bei schmerzhafter Periode. Ein Tee der Blütenköpfe ist zudem hilfreich bei Verschleimung der Atemwege und aktiviert Magen, Galle und Leber. Gänseblümchen enthalten bioaktive Stoffe, die unser Immunsystem stärken und Veränderungen der Körperzellen abwehren.

Gänseblümchen sind einerseits gesund und lecker als auch gleichzeitig etwas für das Auge. Nehmen Sie einfach einige Blüten und Blätter auf das Butterbrot und probieren Sie. Gänseblümchen sind eine wertvolle und preiswerte Nahrungsergänzung. Sie enthalten viel Vitamin C und wertvolle Mineralstoffe.

Hinweis: Den ersten drei Gänseblümchenblüten im Jahr wird laut alten Übertragungen eine besondere Kraft nachgesagt: Sie schützen die nächsten zwölf Monate vor Fieber und anderen Krankheiten. Das funktioniert allerdings nur, wenn die Gänseblümchen direkt über dem Erdboden abgebissen und sogleich gegessen werden.

Risotto mit Gänseblümchen & Hähnchenkeule

1. Die Hähnchenkeulen würzen und ca. 20–25 Minuten im Backofen bei 180 Grad backen.

2. In der Zwischenzeit die Zwiebel fein würfeln und in heißem Olivenöl andünsten bis sie glasig sind.

3. Den Reis hinzufügen und kurz mit andünsten.

4. Mit der Gemüsebrühe auffüllen (möglicherweise muss zwischendurch etwas Wasser nachgefüllt werden).

5. Risotto auf kleiner Flamme etwa 20 Minuten köcheln lassen.

6. Ca. 5 Minuten bevor das Risotto fertig ist, die Gänseblümchen unterrühren. Bitte einige Gänseblümchen aufbewahren für die Blumendeko auf dem fertigen Risotto.

7. Bei Bedarf mit Salz und Pfeffer abschmecken.

8. Das Risotto zusammen mit der Hähnchenkeule auf dem Teller verteilen und mit den restlichen Gänseblümchen dekorieren.

Fertig ist ein leckeres sonniges Gericht, das auch Kinder gerne essen.

Zutaten für 4 Personen: 35 Minuten

- 3 Handvoll Gänseblümchen
- 350 g Risottoreis
- 4 Hähnchenkeulen
- 1,25 l Gemüsebrühe
- 1 Zwiebel
- Olivenöl
- Salz, Pfeffer

Kartoffelstampf mit Gänseblümchen & Hackfleischbällchen

1. Die geschälten Kartoffeln ca. 20 Minuten in Gemüsebrühe kochen.

2. In der Zwischenzeit das Hackfleisch mit Salz und Pfeffer würzen und zu Hackfleischbällchen rollen.

3. Anschließend die Hackfleischbällchen in der Pfanne mit Öl anbraten.

4. Die Gänseblümchen unter Wasserdampf ca. 5 Minuten dünsten (1 Handvoll Gänseblümchen bitte für die Deko aufheben), alternativ auch in Gemüsebrühe 5 Minuten kochen.

5. Sobald die Kartoffeln gar sind, etwas Sahne und Milch als auch Gemüsebrühe zugeben und mit den gedünsteten Gänseblümchen zusammen stampfen bzw. verrühren.

6. Wenn die Hackfleischbällchen ebenfalls fertig sind, den Kartoffelstampf und die Hackfleischbällchen auf dem Teller servieren.

7. Die aufbewahrten Gänseblümchen nun auf dem Kartoffelstampf dekorieren.

Lassen Sie es sich jetzt mit allen Sinnen schmecken.

Zutaten für 4 Personen: 🕐 40 Minuten

- 3 Handvoll Gänseblümchen
- 12 mittelgroße Kartoffeln
- 500 g Hackfleisch
- Milch
- Gemüsebrühe
- Öl
- Sahne
- Salz, Pfeffer
- Muskat

Quark-Frischkäsebällchen mit Gänseblümchen

1 Den Frischkäse und den Quark gut abtropfen lassen.

2 Den Parmesan mit Quark und Frischkäse gut verrühren.

3 Anschließend jeweils einen Klecks auf einen Teller geben.

4 Dann vorsichtig mit einem kleinen Löffel zu einer Kugel formen und mit den Blüten bzw. Blütenblättern dekorieren.

5 Aus der angegebenen Menge erhalten Sie ca. 10–12 Kugeln.

Mit warmen Weißbrot ein farbenfrohes leckeres Gericht.

Tipp: Sie können auch andere essbare Blüten verwenden wie z.B. Borretsch, Klee, Kornblume, Stiefmütterchen, Salbei, Taubnessel, Veilchen, Vergissmeinnicht ...

Zutaten für 4 Personen: 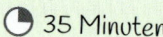 35 Minuten

- 1 Handvoll Gänseblümchenblüten
- 1 Handvoll Tagetesblüten
- 100 g Frischkäse
- 100 g Magerquark
- 4 EL geriebenen Parmesan
- 2–3 Ringelblumenblüten

Sonnentinktur mit Gänseblümchen

Ein Schälchen mit Wasser nehmen. Die Oberfläche mit Gänseblümchen bedecken und ca. 3–4 Stunden in der Sonne stehen lassen, damit die Inhaltsstoffe des Gänseblümchens sozusagen in „homöopathischer" Dosierung in das Wasser übergehen können.

Im Anschluss können Sie z.B. ein Schnapsglas davon in eine 1-Liter-Karaffe Wasser hinzugeben.

Gänseblümchen wirken stimmungsaufhellend und haben zudem eine positive Wirkung auf unsere Haut. Alternativ können Sie die Sonnentinktur auch als Gesichtswasser nutzen.

Grundsätzlich lässt sich aus allen Blüten eine Sonnentinktur herstellen.

Ein wunderschöner und gesunder Bodendecker - der Giersch (Aegopodium podagraria)

Ursprünglich ist der Giersch ein Waldbewohner und bevorzugt schattige feuchte Böden. Der Giersch gilt als Zeigerpflanze. Denn wo er wächst, ist der Boden reich an Stick- und Nährstoffen. Mittlerweile ist er bei Gärtnern schlechthin in Verruf geraten und wird als Unkraut gefürchtet. Dabei ist er ein früher Bodendecker mit einer aparten weißen Blüte. Die bewährteste Methode, Giersch im Zaum zu halten, ist die konsequente Ernte der jungen Blätter. Vielleicht helfen Ihnen auch die Worte von Jörg Pfennigschmidt weiter, um sich mit Ihrem Giersch anzufreunden: „Und wenn gar nichts mehr geht, stellen Sie sich einfach vor, sie hätten ihren Giersch auf der letzten England-Reise für ein kleines Vermögen erworben und er wäre wahnsinnig selten. Dann sieht man das scheußlichste Kraut meist mit ganz anderen Augen."

Der botanische Name weist auf seine Heilkraft hin. Das griechische Wort „aigeos" steht für Ziege und „pous-podos" wird mit Fuß übersetzt. Das Wort nimmt also Bezug auf die dreigeteilte Form des Blattes, die einem Ziegenfuß ähnelt. Der lateinische Name „podagra" bedeutet „Gicht". Aegopodium podragra kann man also übersetzen mit: „der Ziegenfuß, der die Gicht gehend macht".

Der Giersch wird als eine der nützlichsten Speisepflanzen bezeichnet. Er hat neben reichlich Vitamin C und Karotin auch einen sehr hohen Eisengehalt und weitere Mineralstoffe. Somit genau die Mineralien, die wir für einen reibungslos funktionierenden Zellstoffwechsel und für ein einsatzbereites Immunsystem benötigen. Viele Menschen leiden unter Übersäuerung, die sich negativ auf unseren Körper auswirken kann und oft zu Gicht, Rheuma und Arthrose führt. Hier soll Giersch helfen. Giersch gilt als entgiftend, blutreinigend und regt die Ausscheidung von Harnsäure an.

Gesammelt werden können die jungen Blätter für Gemüse, Salat, Tee, Quark, Aufläufe und vieles mehr. Sein Geschmack erinnert an Karotte, Petersilie und Sellerie.

> **Hinweis:** Der Blattstiel des Giersch hat einen dreieckigen Querschnitt.
>
> **Tipp:** Getrocknet ist Giersch wie Petersilie zu verwenden.

Risotto mit Giersch und gebratenen Scampis

1 Die Zwiebel fein würfeln und in heißem Olivenöl andünsten bis sie glasig ist.

2 Den Reis hinzufügen und kurz mit andünsten.

3 Mit Gemüsebrühe auffüllen und den Risottoreis auf kleiner Flamme etwa 20 Minuten köcheln lassen. (Möglicherweise müssen Sie noch etwas Wasser zwischendurch nachgießen.)

4 Nebenbei den Giersch klein schneiden und unter Wasserdampf 10 Minuten garen. Der Giersch kann alternativ auch kurz in Olivenöl angeschwitzt werden.

5 In der Zwischenzeit die Scampis und die kleingeschnittenen Knoblauchzehen ca. 10 Minuten in Öl anbraten.

6 Den Giersch unter das fertige Risotto heben.

7 Mit Salz und Pfeffer abschmecken.

8 Nun das Risotto als auch die fertigen Scampis auf einem Teller zu einer delikaten Mahlzeit anrichten.

9 Ein paar Kleeblüten verfeinern das Ganze.

Nun haben Sie ein besonders vitaminreiches Gericht zum Genießen.

Zutaten für 4 Personen:  35 Minuten
- 8 Handvoll Giersch
- 400 g Scampis
- 400 g Risottoreis
- 5 El Olivenöl
- 1 kleine Zwiebel oder alternativ 1 Schalotte
- 4 Knoblauchzehen
- Kleeblüten
- 1,5 l Gemüsebrühe
- Salz, Pfeffer

Nudelauflauf mit Giersch

1. Die Nudeln ca. 10 Minuten kochen lassen.
2. In der Zwischenzeit den Quark mit Eiern, Milch und Gewürzen vermengen und dann die gehackte Zwiebel hinzufügen.
3. In die eingefettete Auflaufform wird auf den Grund eine Lage Nudeln gegeben.
4. Dann wird der gewaschene und klein geschnittene Giersch hinzugegeben.
5. Anschließend werden die restlichen Nudeln aufgefüllt.
6. Danach wird die Soße über alles verteilt und mit dem geriebenen Käse bestreut.
7. Nun im Backofen bei 180 Grad 25–30 Minuten backen.

Beim Servieren dekorieren Sie das Gericht noch mit einer Löwenzahnblüte und Sie haben zusätzlich eine sonnige Farbe im Gericht.

Zutaten für 4 Personen: 🕐 40–45 Min.

- 3 Handvoll Giersch
- 600 g Nudeln

Für die Soße:
- 500 g Quark (Mager- oder Sahnequark)
- 4 Eier
- 1 Tasse Milch oder Sahne
- 2 TL gekörnte Gemüsebrühe
- 1 Zwiebel
- 200 g geriebener Gouda
- Salz, Pfeffer
- Muskat

Giersch-Brennnesssel-Lasagne

1 Die klein geschnittene Zwiebel mit dem Knoblauch in Olivenöl andünsten.

2 Im Anschluss mit Passata aufgießen und mit Salz, Pfeffer, Muskat, Gemüsebrühe und Zitronensaft abschmecken.

3 Ca. 5–10 Minuten köcheln lassen bis sich die Gemüsebrühe aufgelöst hat.

4 Dann das Giersch-Brennnesselgemisch mit der Tomatensoße und den Lasagnenudeln immer abwechselnd in die eingefettete Auflaufform schichten.

5 Zum Schluss die Sahne darüber gießen und die Mozzarellascheiben drauflegen.

6 Nun noch mit Parmesan bestreuen und bei 180 Grad im vorgeheizten Ofen ca. 20 Minuten backen.

Und dann bon appétit bei der herrlichen, nährstoffreichen Gemüselasagne.

Zutaten für 4 Personen:  35 Minuten

- Je 3 Handvoll Giersch- und Brennnesselblätter
- 2 Flaschen Passata
- 1 Becher Sahne
- 2 Mozzarella
- 100 g Parmesan
- 3 TL Gemüsebrühe
- 1 Zwiebel
- 2–3 Knoblauchzehen
- Salz, Pfeffer
- Muskat
- Zitronensaft

Gierschkartoffeln mit Champignons

1. Die Kartoffeln mit Schale in Salzwasser kochen bis sie gar sind.

2. Während die Kartoffeln kochen, die Zwiebeln fein schneiden und in Öl glasig andünsten. Vorab die Hälfte der Zwiebeln für die Champignons abnehmen.

3. Nun die fein geschnittenen Gierschblätter ca. 10 Minuten unter Wasserdampf garen oder alternativ in der Pfanne anschwitzen.

4. Anschließend den Giersch mit dem Quark und den angedünsteten Zwiebeln verrühren und mit Salz und Pfeffer abschmecken. Falls die Masse zu fest ist, gießen Sie etwas Gemüsebrühe hinzu.

5. Danach die Champignons mit der anderen Hälfte der Zwiebeln in die Pfanne geben und sobald die Champignons die richtige Konsistenz haben, mit Salz und Pfeffer abschmecken.

6. Die Kartoffeln ausreichend aushöhlen sobald sie gar sind, die Gemüsemasse hinein füllen und mit etwas Gouda bestreuen. Anschließend im Backofen 5-10 Minuten bei 180 Grad überbacken.

7. Zum Schluss die überbackenen Kartoffeln zusammen mit den Champignons servieren.

Ein schmackhaftes und energievolles Gericht!

Zutaten für 4 Personen: 30 Minuten

- 8 Handvoll junge Gierschblätter
- 4-8 große Kartoffeln
- 2 große Zwiebeln
- Öl
- 800 g Champignons
- Gemüsebrühe
- Magerquark (alternativ Frischkäse)
- geriebener Gouda
- süßer Paprika
- Salz, Pfeffer
- Curry

Gebackener Camembert mit Gierschgemüse & Preiselbeeren

1. Die fein geschnittenen Knoblauchzehen werden in der Pfanne angedünstet.
2. Danach kommt der klein geschnittene Giersch dazu und wird ca. 10 Minuten mitgedünstet und nach Bedarf mit Salz und Pfeffer gewürzt.
3. In der Zwischenzeit werden die Camemberts im Backofen 10 Minuten bei 180 Grad gebacken.
4. Nun wird der Camembert mit dem Gierschgemüse und der Preiselbeersauce auf dem Teller angerichtet

Ein fruchtig-cremiges und gleichzeitig würziges Gericht.

Zutaten für 4 Personen: 🕐 30 Minuten

- 8 Handvoll Giersch
- 4 Camemberts
- 4 Knoblauchzehen
- 1 Glas Preiselbeeren
- Salz, Pfeffer

Gierschgemüse mit Ziegenfrischkäse im Speckmantel

1. Die fein geschnittenen Zwiebeln werden in der Pfanne mit Öl angedünstet.
2. Dann kommt der klein geschnittene Giersch dazu und wird ca. 10 Minuten mitgedünstet und nach Bedarf mit Salz und Pfeffer gewürzt.
3. In der Zwischenzeit wird der Ziegenfrischkäse im Backofen ca. 10 Minuten bei 180 Grad gebacken.
4. Wenn der Ziegenfrischkäse im Speckmantel heiß ist, kann auch das Gierschgemüse auf dem Teller angerichtet werden.

Mit ein paar Gänseblümchen ... isst auch das Auge mit.

Zutaten für 4 Personen: 🕐 30 Minuten

- 8 Handvoll Giersch
- 2 Packungen Ziegenfrischkäse im Speckmantel
- 1 große Zwiebel
- Salz, Pfeffer

Die Grünkraft der Vogelmiere (Stellaria media)

Die Vogelmiere ist eine einjährige Pflanze, die sich jedes Jahr durch ihre Samen fortpflanzt. Sie bringt dabei jährlich bis zu 20.000 Samen hervor. Dadurch ist die Vogelmiere immer wieder als klassisches Unkraut im Garten vorhanden. Die Vogelmiere begleitet den Menschen bereits seit der Steinzeit. Sie ist eine zierliche aber sehr vitale Pflanze. Der botanische Name „Stellaria media" weist auf ihre sternenförmigen Blüten hin.

Sie ist nicht nur ein Wildgemüse sondern auch ein wertvoller Schutz des Bodens gegen Erosion. Zudem ist sie eine Zeigerpflanze für stickstoffreichen Boden.

Die Vogelmiere ist fast ganzjährig zu ernten. Dank ihrer vielen Vitamine und Mineralstoffe gibt sie ihre Grünkraft als neue Lebenskraft an uns Menschen weiter. Sie ist eines der wenigen Wildkräuter, die auch noch im Winter geerntet werden können. Sie ist mit der Schere gut zu ernten, da sonst beim Ausreißen zu viel Erde an den feinen Wurzeln kleben bleibt. Zudem wächst sie auf diese Art und Weise auch schnell und dicht wieder nach. Übrigens ist die Vogelmiere bei Vögeln und Hühnern gleichermaßen sehr beliebt.

Die Vogelmiere wirkt schleimlösend, verdauungsfördernd

und harntreibend. Zudem stärkt die Vogelmiere durch ein Glykosid, das Aucubin, unser Immunsystem und wirkt vorzeitigen Alterungsprozessen entgegen. Als Tee wirkt Vogelmiere hilfreich zur Stoffwechselanregung und bei Hautausschlägen. Weiterhin kann sie auch Husten und Entzündungen lindern.

Ihr Geschmack ist nussig bis erbsig und erinnert manchmal auch an rohen Mais. Durch ihre angenehme Note eignet sie sich hervorragend als Salat. In der Wildkräuterküche ist sie daher roh und frisch nicht wegzudenken und wird auch gerne als Alternative zu Petersilie und Schnittlauch genutzt.

Hinweis: 150 g der Vogelmiere decken bereits den Tagesbedarf eines Erwachsenen an Vitamin C! Eine wahre Vitamin- und Mineralstoffbombe!

Salat aus einem Vogelmierebett mit Tomaten & Mozarella

1 Die Vogelmiere waschen, klein schneiden und auf dem Teller anrichten.

2 Die Cocktailtomaten halbieren und ebenfalls auf dem Teller dekorieren.

3 Den Mozarella in Würfel schneiden und über den Salat streuen.

4 Dann das Dressing über den Salat verteilen und mit den Himbeeren mittig dekorieren.

Fertig ist ein bekömmlicher, frischer Salat.

Alternativen zur Vogelmiere sind Scharbockskraut und Klee.

Zutaten für 4 Personen: 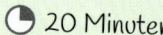 20 Minuten

- 6 Handvoll Vogelmiere
- 400 g Mozarella
- 400 g Cocktailtomaten
- Wildkräuterpesto als Dressing nehmen (siehe S. 166)
- 1 Schale Himbeeren

Dressing alternativ:
- 12 EL Öl
- 6 EL Balsamicoessig
- 1 EL Honig oder Zucker
- Salz, Pfeffer

Spargel mit Erdbeeren auf Vogelmiere

1 Zuerst den Spargel schälen und ca. 15–20 Minuten im Topf kochen.

2 Währenddessen die Erdbeeren und die Vogelmiere waschen.

3 Danach die Vogelmiere auf die Teller schneiden.

4 Die Erdbeeren hälfteln und auf dem Teller anrichten.

5 Für das Dressing die Zitrone pressen und mit etwas Wasser auffüllen und ca. 2–3 TL Zucker zugeben und verrühren.

6 Sobald der Spargel fertig ist, klein schneiden und auf den Salatteller legen. Nun den gewürfelten Schafskäse darüber geben und mit den Basilikumblättern dekorieren.

7 Letztlich noch das Dressing über den Salat geben.

Et voilà: Ein schmackhafter Frühlingssalat!

Zutaten für 4 Personen: 30 Minuten

- 8 Handvoll Vogelmiere
- 750 g Spargel
- 1 kg Erdbeeren
- 200 g Schafskäse
- Basilikumblätter

Für das Dressing:
- 1 Zitrone
- Zucker

Vogelmiere mit Granatapfel & Schafskäse

1. Die Vogelmiere waschen und klein auf die Teller schneiden.

2. Nun den Granatapfel aufschneiden und vorsichtig die Frucht mit einem Teelöffel herauslösen und die Granatapfelkerne auf dem Salat verteilen. Achtung: Spritzgefahr!

3. Jetzt den Schafskäse klein schneiden und ebenfalls auf dem Salat dekorieren und das Dressing dazugeben.

4. Wenn Sie jetzt noch ein paar hübsche Blüten zur Hand haben ... perfekt!

Sie können die Schafskäsewürfel auch im Backofen erwärmen, bevor Sie die Würfel auf den Salat geben.

Ein schöner Anblick und richtig lecker!

Zutaten für 4 Personen: ⏱ 20 Minuten

- 8 Handvoll Vogelmiere
- 1 Granatapfel
- 300 g Schafskäse

Dressing:
- 8 Essl. Joghurt
- 200 g Himbeeren

Wrap mit Vogelmiere, Mais & Paprika

1 Die Tortillafladen ca. 3–5 Minuten im Backofen aufbacken.

2 In dieser Zeit die Salatmayonnaise mit dem Saft einer halben Zitrone zu einem Aufstrich verrühren und die Paprika und die Cocktailtomaten kleinschneiden.

3 Sobald die Fladen aus dem Ofen genommen werden, den Aufstrich mit einem Messer auf die Fladen verteilen.

4 Die Vogelmiere kleinschneiden und auf den Fladen verteilen.

5 Anschließend den Mais, den Paprika und die Cocktailtomaten darauf verteilen und zu einem Wrap falten.

Und fertig ist ein knackig-frisches Gericht to go für die Arbeit oder für zu Hause!

Zutaten für 4 Personen: 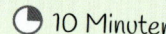 10 Minuten

- 4 Handvoll Vogelmiere
- 4 Tortillafladen
- 1 kl. Dose Mais
- 1 Paprika
- 1 Zitrone
- 8 EL Salatmayonnaise
- 200 g Cocktailtomaten

Vogelmiere mit schwarzen Oliven & Wassermelone

1 Die Vogelmiere waschen und klein auf die Teller schneiden.

2 Jetzt die Wassermelone aufschneiden und in kleine Stücke schneiden, verteilen.

3 Anschließend die Oliven auf den Salat geben.

4 Nun die Passionsfrüchte hälfteln und auf dem Teller dekorieren.

5 Zum Schluss das Dressing dazugeben.

Ein gehaltvoller und gesunder Sommersalat.

Zutaten für 4 Personen:  20 Minuten

- 8 Handvoll Vogelmiere
- 1/2 Wassermelone
- 8 Passionsfrüchte
- 300 g schwarze Oliven

Für das Dressing:
- 6 EL Wasser
- 2 TL Honig
- 1/2 Zitrone

Vogelmiere mit Champignons & Nektarinen

1 Die Vogelmiere waschen und klein auf die Teller schneiden.

2 Jetzt die gewaschenen Nektarinen in Stücke und Champignons in kleine Scheiben schneiden.

3 Anschließend die Nektarinenstücke und Champignonscheiben auf dem Salat verteilen.

4 Nun noch einige Himbeeren und Rosenblüten auf dem Teller dekorieren und das Dressing dazugeben.

Eine aromatische Salatleckerei!

Zutaten für 4 Personen: 20 Minuten

- 8 Handvoll Vogelmiere
- 4 Nektarinen
- 200 g Champignons
- 1 Schale Himbeeren

Dressing:
- 8 Essl. Joghurt
- 1 Limette
- 2 Teel. Honig

Vogelmiere mit Orangen, Radieschen & Kapuzinerkresse

1. Die Vogelmiere waschen und klein auf die Teller schneiden.

2. Jetzt die Orangen aufschneiden, in kleine Stücke schneiden und auf dem Salat verteilen.

3. Anschließend die Radieschen hälfteln und auf dem Tellerrand dekorieren.

4. Mittig auf den Salat eine Blüte setzen und das Dressing dazugeben.

Ein ausgezeichneter, frischer Salat.

Zutaten für 4 Personen: 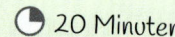 20 Minuten

- 8 Handvoll Vogelmiere
- 2-3 Orangen
- 20 Radieschen

Dressing:
- 6 EL Wasser
- 2 TL Honig
- 1/2 Zitrone

Vogelmiere mit Mozarellakugeln und Heidelbeeren

1. Die Vogelmiere waschen und klein auf die Teller schneiden.

2. Jetzt die gewaschenen Heidelbeeren mit den Mozarellakugeln auf dem Teller verteilen.

3. Nun das Dressing dazugeben.

Ein kulinarischer und gesunder Salatgenuss!

Zutaten für 4 Personen: 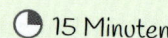 15 Minuten

- 8 Handvoll Vogelmiere
- 300 g Heidelbeeren
- 2 Packungen Mozarellakugeln

Dressing:
- 6 EL Wasser
- 2 TL Honig
- 1/2 Zitrone

Ein kraftvoller und vitaminreicher Frühlingsbote - das Scharbockskraut (Ranunculus ficaria)

Das Scharbockskraut ist eines der ersten Wildkräuter im Frühjahr, dass wieder frisch aus der Erde austreibt. Es ist für seinen hohen Vitamin-C-Gehalt bekannt. Die herz- oder nierenförmigen Blätter sind eine Vitaminbombe nach dem langen Winter.

Scharbock ist eine alte Bezeichnung für Skorbut. Das Kraut wurde volksheilkundlich bereits zum Schutz gegen die damals gefürchtete Vitamin-C-Mangelkrankheit, eingesetzt.

Das Scharbockskraut steht uns mit seinen glänzenden sattgrünen Blättern für ein erstklassiges Salatkraut zur Verfügung. Bis zur Blüte wartet das Kraut in großen Teppichen darauf, von uns geerntet zu werden. Wenn jedoch die ersten gelben Blüten erscheinen, sollten wir das Scharbockskraut nicht weiter ernten, da die Pflanze dann das ungenießbare Protoanemonin enthält. Das gibt ihr dann auch einen unangenehmen scharfen und brennenden Geschmack. Die Blätter sind dann leicht giftig.

Das Scharbockskraut regt unseren Stoffwechsel an, wirkt blutreinigend und lässt die Frühjahrsmüdigkeit verschwinden. Als Tee wird unsere Haut und unser Körper von innen gereinigt. Auch als Gesichtswasser kann man den Tee bei unreinen Hautstellen nutzen.

Ab Ende Mai zieht sich das Scharbockskraut wieder in die Erde zurück und ist bis zum nächsten Frühjahr nicht mehr zu sehen.

> **Hinweis:** Die Blätter sollten nur vor der Blüte gegessen werden.

Scharbockskraut mit Trauben und Walnüssen

1 Zuerst das Scharbockskraut waschen und auf die Teller schneiden.

2 Die Weintrauben hälfteln und auf dem Teller anrichten und die kleingeschnittenen Walnüsse über den Teller streuen.

3 Für das Dressing die Zitrone pressen und mit etwas Wasser auffüllen und ca. 2–3 TL Zucker zugeben und verrühren.

4 Letztlich noch das Dressing über den Salat geben.

Nun haben Sie einen wunderbaren Vitamin C-Salat.

Zutaten für 4 Personen: 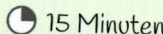 15 Minuten

- 8 Handvoll Scharbockskraut
- 750 g Weintrauben
- 150 g Walnüsse

Für das Dressing:
- 1 Zitrone
- Zucker

Märzveilchen-Scharbockskraut-Salat mit Orange

1 Das Scharbockskraut waschen und auf die Teller verteilen.

2 Anschließend die Schale von den Orangen entfernen und in kleine Stücke schneiden.

3 Danach die Orangenstückchen auf dem Salat verteilen und die Märzveilchenblüten auf dem Salat dekorieren.

4 Nun noch das Dressing hinzugeben.

Jetzt haben Sie den perfekten Frühlingssalat.

Zutaten für 4 Personen: 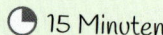 15 Minuten

- 8 Handvoll Scharbockskraut
- 1 Handvoll Märzveilchenblüten und -blätter
- 2-3 Orangen

Für das Dressing:
- 6 EL Wasser
- 2 TL Honig
- 1/2 Zitrone

Dinkel-Mandel-Bratling mit Waldtzatziki auf Scharbockskraut

1. Der Dinkelschrot wird mit der Gemüsebrühe aufgekocht. Dann auf kleiner Stufe ausquellen lassen und anschließend mit Käse, Eiern und Mandeln mischen und mit etwas Salz würzen.

2. Aus der Masse 4–8 Bratlinge formen und in Öl ca. 10–15 Minuten goldbraun braten.

3. Währenddessen wird das Waldtzatziki zubereitet (siehe Rezept auf Seite 114).

4. Die Melone wird geviertelt und weiter in kleine Scheiben geschnitten.

5. Danach wird das gewaschene Scharbockskraut auf einem Teller mit den Melonenscheiben angerichtet.

6. Zum Schluss kommt der krosse Dinkel-Mandel-Bratling auf den Teller dazu.

Und nun haben Sie ein köstliches Essen. Lassen Sie es sich schmecken!

Zutaten für 4 Personen: 🕐 45 Minuten

- 4 Handvoll Scharbockskraut
- 1 Guadeloupe-Melone

Für die Bratlinge:
- 125 geschroteter Dinkel
- 300 ml Gemüsebrühe
- 100 g Mandeln (gemahlen)
- 30 g Käse (geraspelt)
- 2 Eier

Für das Waldtzatziki:
- 2 Handvoll Bärlauch (alternativ Knoblauchsrauke)
- 1/2 Salatgurke
- 1 Schalotte
- 1/2 Becher Sahne
- 1 Becher Jogurt (500 g)
- Salz
- Öl

Anti-Aging pur - der Bärlauch (Allium ursinum)

Der Bärlauch ist verwandt mit dem Schnittlauch, der Zwiebel und dem Knoblauch. Er gehört zu den klassischen Bärenpflanzen. Wenn Bären ihren Winterschlaf beendet haben, sind sie als erstes auf der Suche nach Pflanzen, die ihren Stoffwechsel wieder in Schwung bringen. Instinktiv weiß der Bär, dass der Bärlauch ihm dabei behilflich ist.

Der Bärlauch ist ein Nährstoffanzeiger. Er bevorzugt humose, lockere und feuchte Böden und steht in Waldgebieten.

Der Bärlauch hat eine besonders positive Wirkung auf unsere Gesundheit. Ihm wird nachgesagt, verdauungsfördernd, stoffwechselanregend und blutdruckausgleichend zu sein. Bärlauch ist förderlich für Leber, Galle und Darm. Aufgrund seiner antibakteriellen Wirkung wird er auch bei Magen-Darmstörungen eingesetzt und stärkt das Immunsystem. Vorbeugend wird Bärlauch zudem bei Arterienverkalkung eingesetzt. Nach Maria Treben führt Bärlauch sogar zu einem ausgezeichneten Gedächtnis. Also Antiaging pur!

Der Bärlauch ist eine altbekannte Gemüse-, Gewürz- und Heilpflanze. Die komplette Pflanze des Bärlauchs ist essbar. In der Regel werden die Blätter geerntet, am besten vor der Blüte; dann sind sie zart und lecker. Von der einzelnen Pflanze sollte man mind. 2/3 stehen lassen, damit die Pflanze genug Blattmasse behält. Die weißen sternförmigen Blüten sind eine schöne essbare Verzierung.

Der Bärlauch kann nicht getrocknet werden, da viele Inhaltsstoffe dabei verloren gehen. Daher verwendet man ihn am besten frisch. Bärlauch eignet sich hervorragend zum Würzen. Im Kräuterquark oder als Soße über die Nudeln ist Bärlauch sehr lecker. Bärlauchbutter und ein Bärlauchpesto sind ebenso empfehlenswert.

Hinweis: Bärlauch wird immer wieder mit dem Maiglöckchen, den Blättern der Herbstzeitlosen oder des Aronstabs verwechselt. Alle drei Pflanzen sind giftig. Sie erkennen den Bärlauch sehr genau daran, indem Sie das Blatt in Ihrer Hand verreiben. Dadurch müssen Sie einen starken Knoblauchduft wahrnehmen. Dann haben Sie Bärlauch gefunden!

Bärlauchsuppe

1. Die geschälte und fein geschnittene Zwiebel in einem Topf mit der Butter anschwitzen bis sie goldgelb ist.

2. Dann die Gemüsebrühe zugießen.

3. Die geschälten und in Stücke geschnittenen Kartoffeln zugeben und ca. 20 Minuten köcheln lassen bis sie gar sind.

4. Zum Schluss den Bärlauch beifügen und mit einem Pürierstab pürieren.

5. Mit Salz und Pfeffer würzen und die Sahne einrühren.

6. Noch einmal kräftig umrühren und die Suppe kann mit einem kleinen Klecks Sahne und 2–3 fein geschnittenen Bärlauchblättern serviert werden.

Einen guten Appetit beim Genießen dieser Waldpflanze.

Zutaten für 4 Personen: 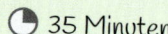 35 Minuten

- 2 Handvoll Bärlauch
- 4 große Kartoffeln
- 1 Zwiebel
- 1 l Gemüsebrühe
- 50 ml Sahne oder Soja Cuisine
- 2 EL Butter
- Salz, Pfeffer

Steak mit Waldtzatziki

1 Die Steaks in der Pfanne oder auf dem Grill ca. 10–15 Minuten anbraten.

2 In der Zwischenzeit die Bärlauchblätter und die Schalotte fein hacken und die geschälte Gurke grob raspeln.

3 Die Sahne und den Joghurt zusammen verrühren und die Bärlauchblätter inkl. der Gurkenraspeln und Schalotte unterheben.

4 Nach Bedarf mit Salz und Pfeffer würzen.

5 Sobald die Steaks fertig sind, kann der Waldtzatziki mit dem Steak zusammen auf dem Teller angerichtet werden.

Genießen Sie ein würziges und herzhaftes Gericht.

Alternativ kann hierzu statt des Bärlauchs auch die Knoblauchsrauke genutzt werden.

Zutaten für 4 Personen: 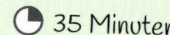 *35 Minuten*

- 2 Handvoll Bärlauch
- 1/2 Salatgurke
- 1 Schalotte
- 1/2 Becher Sahne
- 1 Becher Joghurt (500 g)
- 4 Steaks
- Salz, Pfeffer

Kartoffeln mit Bärlauch an Tomaten

1 Während die geschälten und geschnittenen Kartoffeln im Salzwasser kochen, wird die Bärlauchsoße zubereitet.

2 Die Sahne wird in einem Topf erhitzt.

3 Sobald die Sahne zu kochen anfängt, wird der Bärlauch beigefügt und mit einem Mixstab püriert.

4 Nach Bedarf anschließend mit Salz und ein wenig Gemüsebrühe abschmecken.

5 Die fertigen Kartoffeln werden mit der Bärlauchsoße zusammen auf dem Teller angerichtet.

6 Die halbierten Cocktailtomaten werden am Rand des Tellers dekoriert und gesalzen.

Und schon haben Sie ein vitalstoffreiches Gericht zubereitet.

Zutaten für 4 Personen: 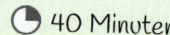 40 Minuten

- 2 Handvoll Bärlauch
- 1,5 kg Kartoffeln
- 500 g Cocktailtomaten
- 1/2 l Sahne oder Soja Cuisine
- 2 Würfel Gemüsebrühe
- Salz

Spaghetti mit Bärlauchsoße

1 Während die Spaghetti im Salzwasser 10–15 Minuten köcheln bis sie gar sind, wird in einem anderen Topf die Sahne mit der Gemüsebrühe erhitzt.

2 Sobald die Sahne anfängt zu kochen, wird der Bärlauch beigefügt und das Ganze wird mit dem Mixstab püriert und anschließend noch mit Salz abgeschmeckt.

3 Die fertigen Spaghetti werden auf einem Teller angerichtet und mit der feinen Bärlauchsoße übergossen.

4 Dekoriert wird der Teller mit einigen Bärlauchblättern.

Fertig zum genußvollen Verzehr ...

Zutaten für 4 Personen: 30 Minuten

- 2 Handvoll Bärlauch
- 750 g Spaghetti
- 2 Würfel Gemüsebrühe
- 1/2 l Sahne oder Soja Cuisine
- Salz

Ein altes Heilkraut – der Venus geweiht – die Taubnessel (Lamium)

Obwohl die Taubnessel der Brennnessel ähnelt, sind sie nicht miteinander verwandt. Allein der Name leitet eine Verbindung zueinander ab. Der große Unterschied liegt jedoch darin, dass sie keine Brennhaare haben! Aber dafür als Ausgleich ein wunderschön anzusehendes Blütenkleid. Die Gattung der Taubnessel ist ein Lippenblütler und umfasst insgesamt rund 30 Arten. In unseren Breitengraden gibt es verschiedene Arten von Taubnesseln. Überwiegend finden wir die Gefleckte Taubnessel, die Rote Taubnessel, die Weiße Taubnessel und die Goldnessel. Die Goldnessel wird zudem in Gärten als hübsch anzusehender Bodendecker angepflanzt, die sich jedoch auch schnell durch unterirdische Ausläufer weiter verbreiten, wenn ihnen der Standort gefällt.

Die Blüte der Gefleckten Taubnessel beginnt als erstes im Frühjahr mit ihrer Blüte. Sie gehört zu den wenigen Wildkräutern, die Sie fast ganzjährig ernten können. Die einzige Ausnahme besteht bei Schnee und Eis. Dadurch bedingt, dass die Blätter durch den Schnee verdeckt werden. Für Hummeln stellt die gefleckte Taubnessel eine wichtige Nahrungspflanze dar, da sie früher und auch länger blüht als viele andere Pflanzen.

Die Taubnessel wurde in der Renaissance der Venus geweiht, der Göttin der Liebe und Herrin der Geschlechtsorgane. Sie wurde daher im Laufe der Zeit eines der wichtigsten Mittel in der Frauenheilkunde.

Früher wurde die Weiße Taubnessel den Frauen zugesprochen und die Rote Taubnessel den Männern gegeben. Heute ist die Taubnessel ein klassisches Frauenkraut. Wobei die Blüten der selteneren Goldnessel als besonders heilkräftig gelten. Bei den rötlich blühenden Arten werden in der Volksheilkunde keine wesentlichen Unterschiede gemacht.

Die Gefleckte Taubnessel ist dafür bekannt, gegen alle Arten von Frauenbeschwerden eingesetzt zu werden. Von schmerzhaften Menstruationsbeschwerden über Wechseljahresbeschwerden. Die Taubnessel soll auch die Stärke der Menstruationsblutungen regulieren helfen. Sehr starke Blutungen werden weniger, ganz schwache Blutungen werden mehr. Aber auch bei Entzündungen der Atmungsorgane und Entzündungen von Magen und Darm reicht ihr Anwendungsgebiet. Die Weiße Taubnessel steht dagegen dafür, bei Weißfluss von Frauen zum Einsatz zu kommen.

Die gepflückten Blätter der Taubnessel riechen erst mal etwas muffig. Gekocht als Wildgemüse oder in der Suppe schmeckt die Taubnessel jedoch sehr lecker. Geerntet werden wie bei der Brennnessel nur die oberen Triebspitzen. In den Salat passt die Taubnessel ebenso hervorragend. Die Blüten sind auf den verschiedensten Gerichten eine bezaubernde Dekoration.

> **Hinweis:** Taubnessel sollte man bei trockenem Wetter pflücken, da die Blüten bei Regen ihr süßes Aroma verlieren.

Taubnessel-Auflauf mit Schafskäse & Tomate

1. Die Taubnessel klein schneiden und 10 Minuten über Wasserdampf in Gemüsebrühe dünsten. Alternativ garen Sie die Taubnessel in der Pfanne mit Öl.

2. In der Zwischenzeit die klein geschnittene Zwiebel in Olivenöl andünsten und mit Passata und etwas Ananassaft aufgießen.

3. Im Anschluss mit Salz, Pfeffer, Gemüsebrühe und Zitronensaft abschmecken.

4. Ca. 5–10 Minuten köcheln lassen, bis sich die Gemüsebrühe aufgelöst hat.

5. Dann wird die Taubnessel in eine eingefettete Auflaufform mit Ananasstückchen und halbierten Cocktailtomaten geschichtet und mit Schafskäse bestreut.

6. Im Anschluss wird die Passata darüber gegossen.

7. Je nach Vorliebe kann noch Parmesankäse darüber gestreut werden.

8. Anschließend 15 Minuten im vorgeheizten Backofen bei 180 Grad überbacken.

Ein fruchtig-würziges Gericht.

Zutaten für 4 Personen: 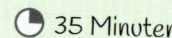 35 Minuten

- 8 Handvoll Taubnesseln
- 2 Flaschen Passata
- 1 Zwiebel
- 250 g Cocktailtomaten
- 1 Dose Ananas
- 1/2 Zitrone
- 200 g Schafskäse
- Gemüsebrühe
- Salz, Pfeffer
- evtl. Parmesan

Taubnesselsuppe

1. Die Kartoffeln schälen und grob würfeln.
2. Dann in einem Topf die Butter zerlassen und die Taubnesseln darin anschwitzen.
3. Im Nachgang die Kartoffeln dazugeben und mit der Gemüsebrühe auffüllen und etwa 20 Minuten garen.
4. Anschließend den Orangensaft und die Sahne hinzufügen.
5. Danach mit Salz und Pfeffer würzen und mit einem Mixer/Mixstab pürieren.
6. Vor dem Servieren eine Blüte auf die Taubnesselsuppe streuen.

Eine leckere und einfache Suppe zum gesunden Genießen.

Zutaten für 4 Personen: 30 Minuten

- 5-6 Handvoll Taubnesseln
- 7 mittelgroße Kartoffeln
- 1,2 l Gemüsebrühe
- 100 ml Orangensaft
- 100 ml Sahne
- 50 g Butter
- Salz, Pfeffer

Röstis mit Taubnesselgemüse

1. Die Kartoffeln schälen und mittelfein reiben.

2. Die Zwiebel fein würfeln, mit den Kartoffeln sowie den restlichen Zutaten für die Röstis mischen und mit Salz und Pfeffer würzen.

3. Nun die Mischung gleichmäßig in der Pfanne verteilen, festdrücken und von beiden Seiten ca. 5 Minuten goldbraun braten.

4. Sobald das Rösti fertig ist, in mehrere kleine Teile bzw. Dreiecke schneiden und im Ofen warmhalten.

5. Während die Röstis gebraten werden, die fein geschnittenen Zwiebeln in einer anderen Pfanne mit Öl glasig dünsten.

6. Dann den Speck zufügen und ca. weitere 5 Minuten anbraten.

7. Nun die Taubnesseln fein geschnitten hinzugeben und 5–10 Minuten mitdünsten lassen.

8. Die fertigen Röstis auf die Teller bringen, mit Räucherlachs belegen und mit einem Klecks Schmand versehen. Anschließend auf dem Teller das Taubnesselgemüse anrichten.

Ein würzig-schmackhaftes Gericht. Lecker & bekömmlich.

Zutaten für 4 Personen: 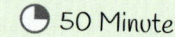 50 Minuten

Für die Röstis:
- 6 mittelgroße Kartoffeln
- 1 Zwiebel
- 4 EL Mehl
- 1/2 TL Backpulver
- 3 Eier
- Salz, Pfeffer
- 3 TL Butterschmalz

- 8 Handvoll Taubnesseln
- 200 g feine Speckwürfel
- 250 g Räucherlachs
- Schmand
- 1 Zwiebel
- Salz, Pfeffer

Taubnesselgemüse mit Kräutermatjes & Kartoffeln

1 Kartoffeln schälen und ca. 20 Minuten in Salzwasser kochen.

2 Die Zwiebeln fein schneiden und in der Pfanne andünsten.

3 Im Anschluss die Taubnessel klein schneiden und gleichermaßen ca. 10 Minuten in der Pfanne andünsten. Alternativ kann die Taubnessel auch 10 Minuten unter Wasserdampf gegart werden.

4 Zum Schluss mit etwas Zitrone beträufeln und mit den Kartoffeln und dem Matjes auf einem Teller anrichten.

Ein schmackhaftes und gesundes Gericht ...

Zutaten für 4 Personen: 40 Minuten
- 8 Handvoll Taubnessel
- 8 Kräutermatjes
- 1 kg Kartoffeln
- 2 mittelgroße Zwiebeln
- 1 Zitrone

Cordon bleu mit Fenchel-Taubnesselgemüse

1. Das Schnitzel mittig aufschneiden und eine Scheibe gekochten Schinken und eine Scheibe Emmentaler hineinlegen und verschließen.

2. Jetzt das Ei aufschlagen und das Schnitzel leicht salzen.

3. Im Anschluss das Schnitzel zuerst im Mehl, dann im Ei und zum Schluss im Paniermehl wenden und die Cordon bleu in der Pfanne ca. 10 Minuten goldbraun braten.

4. Währenddessen die fein gehackte Zwiebel in der Pfanne glasig andünsten.

5. Dann die gewaschenen und in kleine Stücke geschnittenen Fenchelknollen den Zwiebeln zufügen und ca. 5 Minuten mitdünsten.

6. Anschließend die gewaschene Taubnessel mit einer Schere klein in die Pfanne schneiden und nochmals 5 weitere Minuten mitdünsten lassen.

7. Nun die Cordon bleu gemeinsam mit dem Fenchel-Taubnessel-Gemüse auf einem Teller anrichten.

Jetzt können Sie ein außergewöhnliches Gericht genießen.

Zutaten für 4 Personen: 35 Minuten

Für die Cordon bleu:
- 4 Schnitzel
- 4 Scheiben Kochschinken
- 4 Scheiben Emmentaler
- 1 Ei
- Etwas Mehl
- Etwas Paniermehl

- 6 Handvoll Taubnesseln
- 2 Fenchelknollen
- 1 Zwiebel
- Spritzer Zitronensaft
- Salz, Pfeffer

Erste Hilfe aus der Welt der Pflanzen - der Spitzwegerich (Plantage lanceolata)

Der Spitzwegerich ist heute weltweit verbreitet. Sein botanischer Name „Plantago" leitet sich von „planta" = Fußsohle ab. Die großen Kräfte dieser Pflanze begegnen uns also buchstäblich auf „Schritt und Tritt". Die Silbe „rich" wiederum heißt aus dem althochdeutschen übersetzt „Herr, Herrscher" oder „König" – über den Weg, auf dem er wächst. Wegen seines spitz zulaufenden Blattwerks hat er den Namen „Spitzwegerich". Den Mythen nach ist es der Pflanzengeist des Spitzwegerich, der Pilger und Wanderer beim Reisen von A nach B gegen die Gefahren des Reisens schützend bewacht und heilend Hilfe bringt. Der Wegerich gilt als Mutter aller Heilpflanzen als ein Allheilmittel.

Der Spitzwegerich ist sogar in der Weltliteratur zu finden. In Shakespeares „Romeo und Julia" ist gleich im ersten Akt von ihm zu hören: „Ein Blatt vom Weg'rich dient dazu vortrefflich" – „Ei sag, wozu?" – „Für Dein zerbrochnes Bein."

Weitere Wegericharten sind der Breitwegerich, Mittlere Wegerich, Alpenwegerich und der Hirschhornwegerich.

Der Spitzwegerich ist ein wichtiges Hustenmittel. Er kann als Hustentee und Sirup eingesetzt werden. Er gilt als pflanzliches Antibiotikum. Der Spitzwegerich wurde sogar zur Arzneipflanze des Jahres 2014 gekürt. Die Entscheidung wurde damit begründet, dass die heilende Wirkung bei Husten und Heiserkeit, Entzündungen des Mund- und Rachenraumes, bei Verletzungen und Insektenstichen durch pharmakologische Untersuchungen bewiesen sei.

Zu seinen Eigenschaften zählen: wundheilend, kühlend, antibakteriell, entzündungshemmend und schleimlösend.

Aufgrund seiner guten Fähigkeiten bei der Wundheilung dient er auch als hervorragendes Notfallpflaster der Natur. Hat man sich in der freien Natur verletzt (auch bei Blasen), hilft es, ein paar Spitzwegerichblätter zu kauen oder zu zerreiben und auf die Wunde zu legen. Das Ganze dann mit einem unzerkauten Blatt bedecken. Ideal ist er auch bei fettiger unreiner Haut und Akne als Gesichtskompresse.

Bei Ohrenschmerzen kann man ihn auch in der Hand etwas zerreiben und dann zu einem Kügelchen formen und wie einen Wattepfropf ins Ohr stecken. Das nimmt den Ohrenschmerz. Das Gleiche gilt bei Bauchschmerzen: Hier nehmen Sie das Kügelchen Spitzwegerich und geben es vorsichtig in den Bauchnabel.

Die Blätter und Blüten können als Tee, Wildkrautsalat oder in Suppen verwendet werden. In der Wildkräuterküche sind die jungen, kaliumreichen Blätter mit ihrem frischen würzigen Aroma eine besondere Delikatesse.

Tipp: Seine Blütenkelche schmecken in einer Suppe wie Steinpilze.

Salat aus Spitzwegerich, Karotte, Apfel mit Baguette an Kräuterbutter

1 Die Karotten und den Apfel fein raspeln.

2 Dann den Spitzwegerich ebenfalls fein schneiden und mit dem Saft der Zitrone, dem Öl und dem Karotten-Apfel-Gemisch vermengen. Nach Bedarf noch mit Salz und Pfeffer würzen.

3 Die Kräuterbutter wird hergestellt, indem Giersch und Knoblauchsrauke fein gehackt werden und mit der Butter verrührt werden. Noch etwas Salz und Pfeffer zufügen.

4 Nun den Salat mit der Kräuterbutter und dem Baguette auf einem Teller dekorieren.

Und fertig ist ein leichtes, bekömmliches Gericht.

Zutaten für 4 Personen: 🕐 35 Minuten

- 2 Handvoll Spitzwegerich
- 6 Karotten
- 2 EL Öl
- 1 Zitrone
- 1 Apfel
- 1–2 Baguette

Für die Kräuterbutter:
- 200 g Butter
- 1/2 Handvoll Giersch
- 1/2 Handvoll Knoblauchsrauke
- Salz, Pfeffer

Spitzwegerichsuppe

1 Die Kartoffeln schälen und grob würfeln.

2 Dann in einem Topf die Butter zerlassen und den Spitzwegerich darin anschwitzen.

3 Jetzt die Kartoffeln dazugeben und mit der Gemüsebrühe auffüllen und etwa 20 Minuten garen.

4 Anschließend den Birnen- und Zitronensaft als auch die Sahne hinzufügen.

5 Im Nachgang mit einem Mixer/Mixstab pürieren. Da der Spitzwegerich viele Fasern hat, muss der Mixer eine gute Leistungsfähigkeit haben! Sonst wird die Suppe zu faserig.

6 Zum Schluss mit Salz und Pfeffer würzen.

7 Vor dem Servieren die Spitzwegerichsuppe mit einer Blüte verzieren.

Ein herrlicher Genuss ...

Zutaten für 4 Personen: 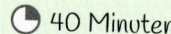 40 Minuten

- 4 Handvoll Spitzwegerich
- 4 große mehlige Kartoffeln
- 750 ml Gemüsebrühe
- 200 ml Sahne
- 200 ml Birnensaft
- Saft einer 1/2 Zitrone
- 50 g Butter
- Salz, Pfeffer

Warmer Spitzwegerichsalat auf einem Orangenbett

1 Die Knoblauchzehen fein würfeln und in der Pfanne mit Öl dünsten.

2 Dann kommen die klein geschnittenen Spitzwegerichblätter mit in die Pfanne und werden weitere 5–10 Minuten gedünstet.

3 In der Zwischenzeit werden die Orangen geschält und als Scheiben auf den Tellern angerichtet.

4 Sobald der Spitzwegerich fertig ist, wird er mit dem Zitronensaft abgelöscht und der Salat auf den vorbereiteten Tellern angerichtet.

5 Die Pinienkerne werden zum Schluss darübergestreut und mit einer Blüte verziert.

Eine schmackhafte Vorspeise!

Zutaten für 4 Personen: 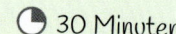 30 Minuten

- 8 Handvoll Spitzwegerich
- 1–2 Zitronen
- 3 Orangen
- 4 Knoblauchzehen
- Pinienkerne
- Öl
- Salz, Pfeffer

Falafel mit Spitzwegerich-Orangengemüse

1. Zuerst die Kichererbsen einen halben Tag in Wasser einlegen.

2. Am nächsten Tag Knoblauch, Petersilie und Koriander klein schneiden und die Zitrone auspressen. Anschließend die Kichererbsen mit den klein geschnittenen Kräutern, Knoblauch, Zitronensaft und dem Eigelb in der Küchenmaschine fein pürieren. Falls die Masse zu fest ist, fügen sie etwas Wasser hinzu. Gerät der Teig zu flüssig, geben Sie etwas Mehl bei.

3. Danach die Gewürze in die Masse einarbeiten sowie Salz und Pfeffer abschmecken.

4. Formen Sie aus dem Falafelteig kleine Bällchen. Diese kommen nun in einen Topf mit Öl. Die Bällchen sollten dabei gut mit Öl bedeckt sein und ca. 5 Minuten im Öl braten, bis sie knusprig braun sind.

5. Die Zwiebel fein würfeln und in einer weiteren Pfanne mit Öl dünsten. Dazu kommen die fein geschnittenen Spitzwegerichblätter und werden weitere 5–10 Minuten mitgedünstet.

6. In der Zwischenzeit werden die Orangen geschält, kleingeschnitten und zusammen mit der Sahne ebenfalls kurz mitgedünstet.

7. Sobald der Spitzwegerich fertig ist, wird er mit dem Zitronensaft abgelöscht und auf den vorbereiteten Tellern mit den Falafelbällchen angerichtet.

8. Zum Schluss dekorieren sie noch einige Blüten als Blickfang auf dem Gericht.

Zutaten für 4 Personen: 40 Minuten

Für die Falafel:
- 300 g getrocknete Kichererbsen
- 2 kleine Frühlingszwiebeln
- 2 Knoblauchzehen
- 1 kleines Bund Petersilie
- 1 Bund Koriander fein gehackt (alternativ 2 TL gemahlener Koriander)
- 2 TL gemahlener Kreuzkümmel
- 1/2 TL Cayennepfeffer
- Nach Belieben: Sesam
- 1 Eigelb
- 1/2 Zitrone
- Salz, Pfeffer
- Ca. 1 l Öl zum Frittieren

- 6 Handvoll Spitzwegerich
- 4 Orangen
- Saft einer 1/2 Zitrone
- ca. 100 ml Sahne
- 1 Zwiebel
- Salz, Pfeffer

Spitzwegerich als Tee

Der frisch gepflückte Spitzwegerich wird in einem dunklen Raum (z.B. auf dem Spitzboden) nebeneinander auf Pappen getrocknet. Ich bin ein Befürworter dieser Trocknungsmethode, weil der Trocknungsvorgang auf natürliche Weise schnell voranschreitet. Zudem entstehen keine Spinnweben bei den Kräutern, wie es Ihnen beim Aufhängen passieren kann. Auf diese schonende Art und Weise der Trocknung bleiben die meisten Inhaltsstoffe erhalten. In ca. 3-7 Tagen ist er durchgetrocknet und kann in Teeverpackungen abgefüllt werden. Wenn Sie ein anderes Behältnis nutzen, achten Sie darauf, dass dies trocken und dunkel steht.

Alternativ können Sie aber auch den frischen Spitzwegerich als Teeaufguss ansetzen. Hier nehmen Sie 3–5 Blätter und gießen diese mit heißem Wasser auf. 5–10 Minuten ziehen lassen und fertig ist der Tee.

So können Sie grundsätzlich jedes essbare Wildkraut nutzen und haben dadurch einen Vorrat für den Winter.

> **Tipp für den Winter:** Spitzwegerichtee und zusätzlich angesetzter Honig mit klein geschnittenen Zwiebeln als Hustensaft macht jedem Husten den Garaus.
> Wenn Sie darüber hinaus klein geschnittene Zwiebeln in ihr Schlafzimmer stellen, mildert das nachhaltig den Hustenreiz in der Nacht.

Spitzwegerich als Gewürz

Wenn Sie das Spitzwegerichkraut wie nebenstehend beschrieben getrocknet haben, steht Ihnen eine weitere Alternative der Nutzung zur Verfügung. Nämlich als Gewürz. Sie brauchen hierfür lediglich einen leistungsstarken Mixer, der das Kraut feinmahlen kann. Bevor Sie das Spitzwegerichkraut in den Mixer tun, schneiden Sie es zuvor mit der Schere klein, damit sich die langen Blätter nicht im Mixer verhaken können. Das feine Pulver füllen Sie ab und lagern es trocken und dunkel.

Und so haben Sie ganz schnell Ihr eigenes besonderes Gewürz. Sie können es für Dressings, Nudel- und Reisgerichte, Suppen, Bratkartoffeln und vieles mehr einsetzen.

> **Tipp:** Diese Methode können Sie gleichermaßen bei allen essbaren Kräutern anwenden und so Ihre eigenen Gewürze kreieren. Gesund und außergewöhnlich.

Spitzwegerich

Eigenwillig und beständig - das Klettenlabkraut (Gallium aparine)

Das Klettenlabkraut besticht durch seinen hohen Wuchs. Sobald es sich irgendwo festhalten kann, wächst es in die Höhe. Dabei kann es bis zu 3 Meter hoch werden. Das Klettenlabkraut mag Waldränder, trockene Wiesen und Böschungen. Es bevorzugt stickstoffreichen Boden. Es ist dadurch gut zu erkennen, dass es sich durch seine nach unten gerichteten waagerechten „Zweige" an der Kleidung festhält und daran buchstäblich „kleben" bleibt. Darauf sind auch die Namen Klebkraut, Klettenlabkraut oder klebriges Labkraut zurückzuführen. Die Bezeichnung Labkraut bezieht sich auf das im Wildkraut enthaltene Labferment. Labferment bringt Milch zum Gerinnen und wurde früher zur Käseherstellung genutzt.

Das Klettenlabkraut ist dafür bekannt, dass es unser Lymphsystem anregt und so Giftstoffe und Schlacken aus unserem Körper ausgeleitet werden. Es hat eine positive Wirkung auf unsere Verdauung und unsere Haut. Bei äußerlichen Hautproblemen kann man mit Teekompressen die Haut behandeln.

Bereits in der Antike galt das Klettenlabkraut als das Kräutergeheimnis zum Schlankwerden!

In der Küche kann man Klettenlabkaut wie Spinat einsetzen. Lecker ist es im Salat genau so wie im Smoothie. Das Schöne am Klettenlabkraut ist, dass es uns ganzjährig zur Verfügung steht. Die einzige Ausnahme bilden Schnee und Eis.

Guten-Morgen-Smoothie

1 Als schnelles einfaches Frühstück und für einen guten Start in den Tag ... alle Zutaten in den Mixer geben.

2 Mixen bis eine angenehme Konsistenz erreicht ist.

Fertig ist der Guten-Morgen-Smoothie! Lassen Sie sich die Vitaminbombe schmecken!

Tipp: Sie können diesen vitaminstoffreichen Smoothie auch mit allen anderen essbaren Wildkräutern herstellen wie z.B. Giersch, Vogelmiere, Taubnessel usw.

Zutaten für 2 Personen:  5 Minuten

- 1 Handvoll Klettenlabkraut
- 1 Banane (alternativ 1-2 Orangen, Wassermelone, Birne ...)
- ca. 300 ml Sojamilch (alternativ Milch, Joghurt, Wasser ...)

Spargelsuppe mit Labkraut

1 Zuerst den Spargel und die Kartoffeln schälen.

2 Danach die Kartoffeln ca. 10 Minuten in der Gemüsebrühe kochen.

3 Dann fügen Sie den klein geschnittenen Spargel mit einer Prise Zucker hinzu und kochen das Ganze weitere 10 Minuten.

4 Zum Schluss kommt das Labkraut in den Topf. Noch 1–2 Minuten mitköcheln lassen.

5 Dann den Inhalt mit dem Mixstab mixen, bis er eine sämige Konsistenz erreicht hat. Nach Bedarf noch etwas mit Salz und Pfeffer würzen bzw. etwas Sahne hinzufügen. Noch einmal kräftig umrühren.

Und schon ist eine herrliche vitalstoffreiche Suppe fertig zum Genießen ...

Zutaten für 4 Personen: 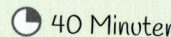 40 Minuten

- 3 Handvoll Labkraut
- 1 kg Spargel
- 4 große Kartoffeln
- 750 ml Gemüsebrühe
- nach Bedarf: ein kleiner Schuss Sahne
- Zucker
- Salz, Pfeffer

Klettenlabkrautgemüse auf Kiwi angemacht

1 Eine fein geschnittene Zwiebel in der Pfanne mit Öl andünsten.

2 Dann das Klettenlabkraut ganz fein in die Pfanne schneiden und ca. weitere 10 Minuten mitdünsten.

3 In der Zwischenzeit schälen Sie die Kiwis und schneiden diese in Scheiben.

4 Die Kiwischeiben dekorieren Sie bereits auf die Teller.

5 Anschließend würzen Sie das Klettenlabkraut nach Bedarf noch mit Salz und Pfeffer, dann den Zitronensaft hinzugeben.

6 Zum Schluss bringen Sie das Gemüse auf die schon vorbereiteten Teller und verzieren den Rand noch mit Himbeeren.

7 Als i-Tüpfelchen können Sie mittig noch eine Blüte drapieren.

Nun können Sie ein wundervolles, buntes Gemüsegericht verspeisen!

Zutaten für 4 Personen: 30 Minuten

- 8 Handvoll Klettenlabkraut
- 6–8 Kiwis
- 200 g Himbeeren
- 1 Zwiebel
- Saft einer Zitrone
- Öl
- Salz, Pfeffer

Ein aufstrebender Hingucker - die Knoblauchsrauke (Alliaria offcinalis)

Ihren Namen hat sie von dem Knoblauchduft, der beim Zerreiben der Blätter entsteht. Die Knoblauchsrauke ist ein Wildkraut, das jedoch gar nicht mit dem Knoblauch verwandt ist. Verwandtschaft besteht mit der Garten- und Brunnenkresse. Aus der Familie der Kreuzblütler, zu denen die Knoblauchsrauke gehört, ist dabei die Vielfalt von Kohlsorten entstanden.

Knoblauchsrauke gehört zu einer der ersten Frühjahrskräuter im Jahr und ist an schattigen Waldwegen zu Hause. Die Knoblauchsrauke mag gerne einen nährstoffreichen feuchten Boden im Halbschatten. Sie wächst auch gerne unter Sträuchern. Für die Raupen des Aurorafalters ist die Knoblauchsrauke ein wichtiger Nahrungsspender.
Mit ihrem senkrechten, aufrechten Wuchs ist sie eine aparte Pflanze mit einer weißen zierlichen Blüte.

Die Knoblauchsrauke ist eine zwei- bis mehrjährige Pflanze.

In den langen Schoten sind ihre Samen enthalten. Dieser ist auch als „Wilder Pfeffer" bekannt. Probieren Sie mal!

Im ersten Jahr bildet sie nierenförmig eingekerbte Blätter. Im zweiten Jahr sieht man sie mit eher spitzen, herzförmigen Blättern und einer feinen weißen Blüte.

Knoblauchsrauke ist leicht harntreibend und wurde früher bei Wurmerkrankungen eingesetzt. Durch ihre enthaltenen Senföle und Saponine ist die Knoblauchsrauke schleimlösend und anwendbar bei Erkältung, Husten und Asthma. Bei entzündetem Zahnfleisch und Halsweh ist gurgeln empfehlenswert.

Knoblauchsrauke hat einen würzig aromatischen Geschmack nach Knoblauch. Die Knoblauchsrauke passt gut in grüne Saucen. Die gesamte Pflanze ist hierfür verwendbar. Sie ist eines der Frühjahrskräuter, die auf unserem Speisezettel nicht fehlen sollte. Mit der Knoblauchsrauke kann man auch andere Salate wie Feldsalat oder Pflücksalat verfeinern. Die Knoblauchsrauke schmeckt auch als Pesto, im Quark oder als Kräuterbutter.

> **Hinweis:** Die Knoblauchsrauke ist nur frisch zu verwenden. Getrocknet verliert das Kraut sowohl an Geschmack als auch an Wirkstoffen.

Knoblauchsrauke-Dip

1. Die Schalotte sehr fein schneiden.
2. Die Knoblauchsrauke mit dem Messer ebenfalls ganz klein schneiden.
3. Nun den Quark, die Schalotte und die Knoblauchsrauke miteinander verrühren und mit Salz und Pfeffer abschmecken.

Zutaten für 4 Personen: 🕐 10 – 15 Min.

- 2 Handvoll junge Knoblauchsrauke
- 200 g Magerquark
- 1 Schalotte
- Salz, Pfeffer

Giersch-Dip

1. Die Karotte und den Apfel klein raspeln.
2. Den Giersch klein schneiden.
3. Dann alle Zutaten in den Mixer geben und pürieren.

Zutaten für 4 Personen: 🕐 10 – 15 Min.

- 2 Handvoll jungen Giersch
- 100 g Magerquark
- 100 g Frischkäse
- 1 Apfel
- 1/2 Karotte

Brennnessel-Dip

1. Die Birne fein raspeln.
2. Die Brennnessel klein schneiden. (Mit Handschuhen oder alternativ mit dem Nudelholz über die Brennnesseln gehen.)
3. Nun alle Zutaten mit einem Spritzer Zitronensaft in den Mixer geben und pürieren.

Zutaten für 4 Personen: 🕐 10 – 15 Min.

- 2 Handvoll Brennnesseln
- 100 g Magerquark
- 100 g Frischkäse
- 1 Birne
- 1/2 Zitrone

Drillingskartoffeln mit Kräuterquark

1 Die Drillingskartoffeln in einem Wassertopf 20 Minuten kochen.

2 Die Knoblauchsrauke und die Schalotte ganz fein schneiden. Dann mit dem Quark und der Sahne verrühren. Etwas Honig hinzufügen. Vorsichtig salzen und pfeffern.

3 Abschließend einen Schluck Mineralwasser hinzufügen und nochmals alles miteinander verrühren.

4 Sobald die Kartofffeln fertig sind, die Kartoffeln und den Quark auf dem Teller platzieren und mit einigen Blüten zusätzlich dekorieren.

So haben Sie ein leichtes und nährstoffreiches Essen ...

Zutaten für 4 Personen: 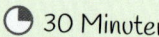 30 Minuten

- 4 Handvoll Knoblauchsrauke
- 1,25 kg Kartoffeln (festkochend)
- 500 g Magerquark
- etwas Sahne zum Verfeinern
- 1 Schalotte
- 1 Schluck Mineralwasser (dann wird der Quark schön locker)
- 1 Prise Zucker (alternativ Honig)
- Salz, Pfeffer

Wildkräuterpesto

1. Die Knoblauchsraukeblätter fein hacken und in eine Schüssel geben.

2. Die Pinienkerne mit einem Messer feinhacken und zu den Knoblauchsraukeblättern geben.
   Diese Mischung wird mit dem Parmesan verrührt.

3. Zum Schluss das Öl hinzufügen und das Pesto gut verrühren.

4. Das Pesto mit Salz und Pfeffer abschmecken und in einem kleinem Mixer fein pürieren.

Das Pesto passt zu Baguette, Nudeln, Reis, Salatsaucen, Spargel wie auch Fleisch- oder Fischgerichten.

Lassen Sie sich die energiereiche Beilage schmecken!

Zutaten für 4 Personen: 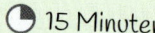 15 Minuten

- 2 Handvoll Knoblauchsrauke
- 10 g Pinienkerne
- 20 g geriebener Parmesan
- ca. 50 ml Olivenöl
- Salz, Pfeffer

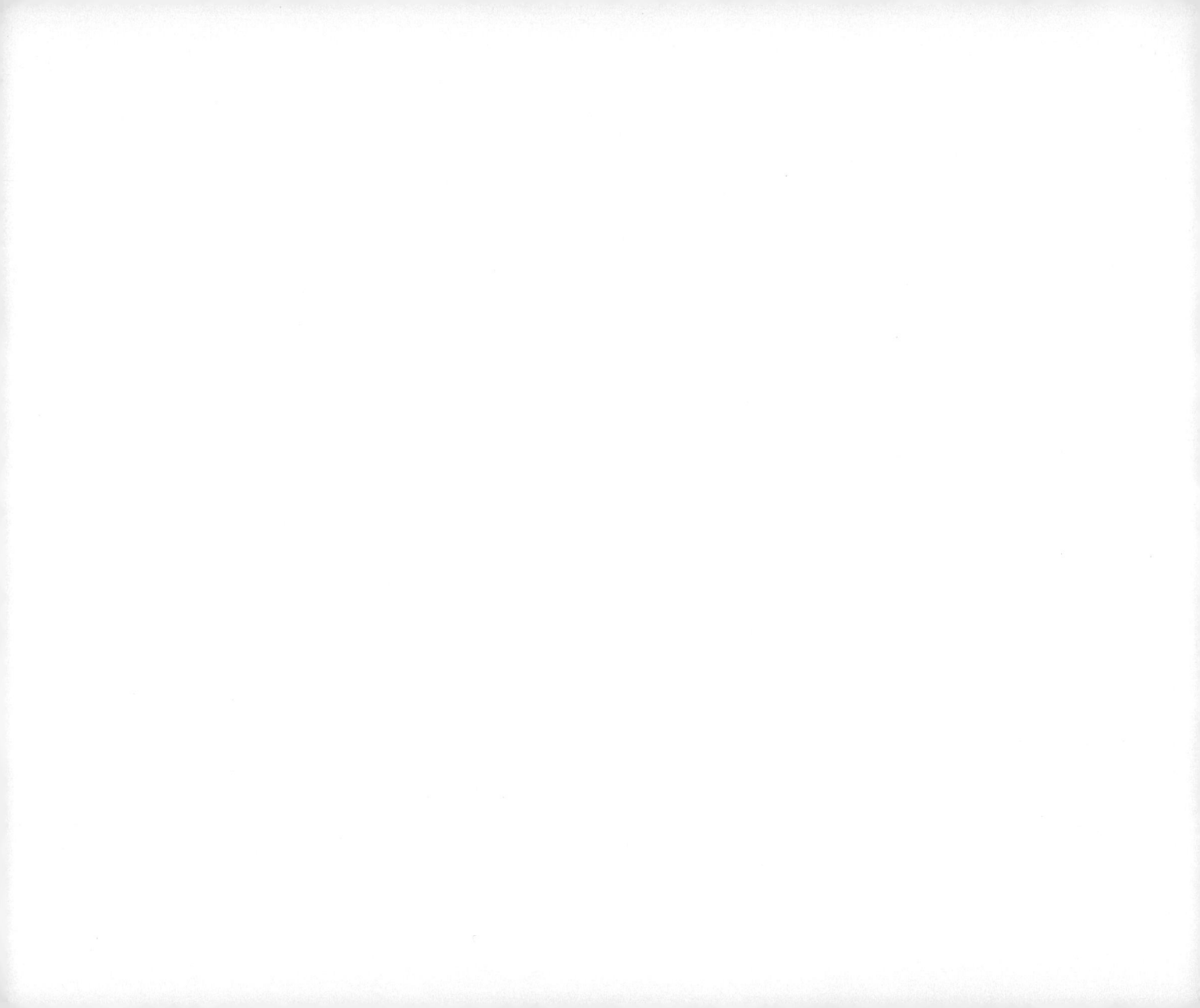

Die Augenbraue der Venus – die Schafgarbe (Achillea millefolium)

Ihren Namen „Achillea" erhielt die Schafgarbe wahrscheinlich vom griechischen Helden Achilles (der Held mit der „Achillesferse"). Die Liebesgöttin Aphrodite soll Achilles persönlich die Schafgarbe auf seine verwundete Ferse gelegt haben. Der botanische Name „Millefolium" ist gleichbedeutend mit „Tausend Blättchen". Wenn man sich die feingeschnittenen Blätter der Schafgarbe genau ansieht, kann man sich auch erklären, wie es zu diesem Namen kam.

Über die Schafgarbe werden besonders viele Geschichten erzählt. Hier ein paar davon:

Der Poesie entsprungen und auf die Göttin der Liebe bezugnehmend, ist ein weiterer Name der Schafgarbe „die Augenbraue der Venus". Diesen Namen führt sie mit Grund: nämlich wiederum wegen ihrer fein gezeichneten Blätter, die im bildlichen Vergleich wie unsere Augenbrauen geschwungen sind.

Ihre fast allumfassende Heilkraft verraten die zahlreichen Namen, die für die Schafgarbe kreiert wurden. „Garbe" leitet sich von einem altdeutschen Wort ab und bedeutet „die Heilende" oder „gesund machen".

Sie wurde laut Übertragungen bereits im Altertum als bester Wundheiler und Blutstiller verwendet. Von der Heilkraft dieses Krauts wussten damals auch schon die Schafhirten, die sie ihren Schafen zu fressen gaben. Für die Schafe war es ein natürliches Wurmmittel. Aber auch die Hirten haben die Schafgarbe zur eigenen Verwendung genutzt. Sie nahmen sie zur Hilfe bei Verdauungsbeschwerden oder gegen Erkältungen ein.

Die Schafgarbe wurde zudem mit vielen Volksnamen bedacht. So ist sie beispielsweise in Österreich bekannt als „Bauchwehkraut". Durch die enthaltenen Bitterstoffe wird der Speichelfluss angeregt und die Produktion von Magensäften angekurbelt, sodass ein Schafgarbentee die Verdauung fördert und sich positiv auf Magen und Leber auswirkt. Ihr ätherisches Öl wirkt entkrampfend und entzündungshemmend – so werden Bauchschmerzen und Blähungen gelindert.

Im astrologischen Bezug gilt die Schafgarbe als Venuspflanze. Hier zeigt sich bereits, dass es sich um ein Frauenkraut handelt.

„Schafgarbe im Leib tut wohl jedem Weib" besagt ein weiterer alter Spruch. Ein gezielter Hinweis darauf, dass die Schafgarbe ein klassisches Frauenkraut ist. Ein Tee ist hilfreich bei Kopfschmerzen, kalten Händen, wetterbedingter Migräne und Menstruationsbeschwerden. Damit ist die Schafgarbe eines unserer wertvollsten Frauenheilkräuter. Rundum hat sie eine heilende, entkrampfende, erwärmende und stärkende Wirkung. Sie sollte allerdings nicht in der Schwangerschaft eingenommen werden, da sie Blutungen und Wehen auslösen kann.

Die Schafgarbe wirkt auch ausgleichend auf alle Bereiche d.h. zum Beispiel in Übergangssituationen wie der Pubertät.

Im Sommer kommt sie so richtig auf Touren. Eine gute Sammelzeit sind Juli und August. Zu dieser Zeit ist die Blüte besonders wirksam.

Die Schafgarbe ist in der Küche sehr schmackhaft im Salat oder wird bevorzugt als frisches Gewürz verwendet.

Nudelsalat mit Schafgarbe

1. Die Nudeln in einem Wassertopf ca. 10–15 Minuten zum Kochen bringen.

2. In der Zwischenzeit die Cocktailtomaten hälfteln.

3. Sobald die Nudeln gar sind, die Salatmayonnaise und das Gurkenwasser mit den Nudeln zu einer cremigen Konsistenz verrühren.

4. Nun noch die vorbereiteten halben Cocktailtomaten zu den Nudeln geben.

5. Anschließend die Schafgarbe klein in den Salat schneiden.

6. Mit Salz und Pfeffer würzen und nochmal miteinander verrühren.

7. Zum Schluss alles für eine Stunde im Kühlschrank ziehen lassen.

Jetzt haben Sie einen leckeren, außergewöhnlichen Nudelsalat.

Zutaten für 4 Personen: 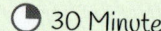 30 Minuten

- 4 Handvoll Schafgarbe
- 500 g Penne
- 400 g Cocktailtomaten
- 1 Glas Salatmayonnaise
- 2 EL Gurkenwasser
- Salz, Pfeffer

Schafgarbe mit Tomaten & Schafskäse

1. Ein Stück Schafskäse auf die Alufolie legen. Nun die Cocktailtomaten hälfteln und ebenfalls auf und um den Schafskäse drapieren.

2. Jetzt wird eine knappe Handvoll Schafgarbe fein über alles verteilt.

3. Anschließend die Alufolie als Päckchen schließen und ca. 10–15 Minuten im Backofen bei 180 Grad erwärmen.

4. Wenn der Schafskäse leicht zerlaufen ist, können Sie die Päckchen aus dem Backofen nehmen und auf dem Teller servieren.

5. Mit etwas Salz und Pfeffer abschmecken.

Und Sie haben ein wundervolles, wildkräuterliches Sommergericht.

Zutaten für 4 Personen: 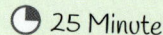 25 Minuten

- 3 Handvoll Schafgarbe
- 800 g Cocktailtomaten
- 400 g Schafskäse
- Salz, Pfeffer

Wildkräutersalat „Spezial"

1. Die Kräuter klein zupfen und auf den Tellern verteilen.

2. Danach die Teller mit Erdbeeren, Brombeeren, Heidelbeeren und Kirschen dekorieren.

3. Zum Schluss kommen die Kleeblüten und das vorbereitete Dressing dazu.

Schon haben Sie einen bunten, leckeren Vitamin-C-Salat.

Zutaten für 4 Personen: ⏲ 20 Minuten

- 1 Handvoll Schafgarbe
- 1 Handvoll Löwenzahn
- 1 Handvoll Taubnessel
- einige Kleeblüten
- 500 g Erdbeeren
- 250 g Brombeeren
- 250 g Kirschen
- 200 g Heidelbeeren

Für das Dressing:
- 1 Zitrone
- Zucker

Essener Brot

1. 1 kg Dinkelkörner zum Keimen 2 Tage im Wasser einweichen lassen und zwischendurch ein Mal das Wasser wechseln.

2. Dann eine Handvoll getrocknete Tomaten und eine Zwiebel mit Brotgewürz und 2 EL Öl gut pürieren. (Es ist wichtig, dass dieser Schritt separat ausgeführt wird. Wenn alle Zutaten in einem Schritt vermengt werden, entsteht kein richtiger Teig!)

3. Im nächsten Schritt werden die Dinkelkörner mit dem bereits erstellten Püree und etwas Öl im Mixer durchgeknetet und ebenfalls püriert. (Der Mixer muss unbedingt Getreide zerkleinern können!)

4. Dann wird der Teig auf Backpapier in ca. 1 cm dünne Fladen ausgerollt. Wenn der Teig an dem Teigroller klebt, hilft etwas Öl.

5. Der ausgerollte Teig kommt dann bei 40 Grad zum Trocknen in den Backofen. Wenn Ihr Backofen nur eine Mindesttemperatur von z.B. 80 Grad hat, lassen Sie einfach die Ofentür ein wenig offen. So entweicht zusätzlich auch die entstehende Feuchtigkeit.

6. Das ganze kann 3–4 Stunden dauern. Das hängt davon ab, welche Konsistenz das Brot haben soll, d.h. ob sie es lieber etwas feuchter oder eher trocken mögen.
Um so trockener Sie das Brot backen, um so länger ist es haltbar.

Zutaten für 4 Personen: 45 Minuten (2 Tage Vorbereitung)

- 1 kg Dinkelkörner
- 50 g getrocknete Tomaten
- 1 Zwiebel
- Öl
- 2 EL Brotgewürz

Nun haben sie ein wunderbares Rohkostbrot, das eine basische Konsistenz hat. Getreide ist in der ursprünglichen Form säurebildend. Durch den Prozess des Ankeimens wird der Dinkel basisch.

Dieses Rezept ist ein abschließendes Schmankerl aus meinen Wildkräuterseminaren. Die Reaktion auf dieses Brot ist immer gleich: Die Teilnehmer wollen das Rezept! Deswegen hier auch für Sie ... ich wünsche Ihnen wie immer einen guten Genuss dieses schmackhaften Brotes.

Schlusswort

Ich hoffe, Sie haben viel Freude mit den vorgestellten Rezepten, Fotos und Wildkräutern. Vor allen Dingen werden sie Ihnen eine gute Energie für den Tag liefern – probieren und experimentieren Sie. Die Vielfalt, die Wildkräuter in der Küche einzusetzen, ist unglaublich groß. Ihrer Phantasie sind hier keine Grenzen gesetzt!

Bunt, lecker, gesund: Wildkräuter, die Energie mit Zukunft. Viele Städte haben einen hohen Anteil an Grünflächen. Nach dem Motto **„Naturenergie gewinnt!"** zählen auch die Wildkräuter zu dieser natürlichen Energieressource.

Nun geht es darum, bereits Vorhandenes als Ressource zu nutzen. Wer von den industriell hergestellten Lebensmitteln unabhängiger werden möchte, wird bei den Wildkräutern fündig. Lokal statt regional! Eine positive Energiequelle. Sie profitieren von einem nachhaltigen Biogemüse mit einer unvergleichlichen Nährstoffdichte. Eine natürliche Ressource. Wildkräuter sind **gesund, ursprünglich, nachhaltig und kraftvoll** und geben das auch an denjenigen weiter, der sie isst. Wildkräuter sind ein **schnell nachwachsendes Biogemüse** und bieten durch kurze Erntewege und schnelles Wachstum eine spezielle Nachhaltigkeit an. Sie sind praktisch unsere „erneuerbaren Lebensmittelenergien". Und hier funktioniert sogar Ernten ohne Garten! Wildkräuter sind eine energievolle Ressource, die uns die Natur kostenlos zur Verfügung stellt.

Bitte beachten Sie, dass die Hinweise zur Heilkraft der Wildkräuter in diesem Buch keinen Besuch beim Arzt oder Heilpraktiker ersetzen.

Ich wünsche Ihnen viel Spaß beim Zubereiten sowie beim Sammeln in der Natur.

Ihre
Andrea Kurtz

Bildnachweis

Fotografien:

Alle Fotografien von *Andrea Kurtz*

Illustrationen:

Brennnessel, S. 15
Prof. Dr. Otto Wilhelm, Thomé *Flora von Deutschland, Österreich und der Schweiz*, Gera, 1885

Löwenzahn, S. 33
Hoffmann, Dennert, *Pflanzen-Atlas*, Stuttgart, 1918

Klee, S. 43
Hoffmann, Dennert, *Pflanzen-Atlas*, Stuttgart, 1918

Gänseblümchen, S. 53
Hoffmann, Dennert, *Pflanzen-Atlas*, Stuttgart, 1918

Giersch, S. 65
Prof. Dr. Otto Wilhelm Thomé *Flora von Deutschland, Österreich und der Schweiz*, Gera, 1885

Vogelmiere, S. 79
Lindman, *Bilder ur Nordens Flora*, Stockholm, ca. 1920

Scharbockskraut, S. 97
E. M. Zimmerer, *Kräutersegen*, Donauwörth, 1896

Bärlauch, S. 107
Hoffmann, Dennert, *Pflanzen-Atlas*, Stuttgart, 1918

Taubnessel, S. 119
Hoffmann, Dennert, *Pflanzen-Atlas*, Stuttgart, 1918

Spitzwegerich, S. 133
E. M. Zimmerer, *Kräutersegen*, Donauwörth, 1896

Klettenlabkraut, S. 147
Hugo Hertwig, *Gesund durch Heilpflanzen*, Berlin, 1938

Knoblauchsrauke, S. 157
Hoffmann, Dennert, *Pflanzen-Atlas*, Stuttgart, 1918

Schafgarbe, S. 167
Hoffmann, Dennert, *Pflanzen-Atlas*, Stuttgart, 1918

Das Saisongarten-Kochbuch

Marianne Kissel-Lesser, Werner Lesser, Dorothee und Klaus North

In diesem Kochbuch spielt das frische Gemüse die Hauptrolle. Mehr als 100 Rezepte für mehr als 30 Gemüsesorten bieten eine große Genuss-Vielfalt für alle Geschmäcker. Auch Vegetarier und Veganer werden hier fündig. Einfache, schmackhafte und gesunde Zubereitungsarten zeigen, wie man aus selbst angebauten Feldfrüchten köstliche Gerichte zaubert. Eine Gliederung nach Speisearten und Saisonzeiten erleichtert die Übersicht.
Die Kochbuch-Idee entstand im Umfeld des Saisongarten-Projekts auf dem Darmstädter Hofgut Oberfeld. Basis ist die Rezeptsammlung der Herausgeber, die aus 3-jähriger Saisongarten-Erfahrung resultiert.

232 S., m.v. farb. Abb., geb., ISBN: 978-3-939272-63-2, 20,00 €

Gesund Schlemmen - Natives Kokos-Öl in der Naturküche

Romy Häckelmann

Natives Kokosöl ist ein altes Geheimnis fernöstlicher Küchentradition. Alles Wissenswerte über dieses erstaunliche Öl, warum es für eine gesundheits- und figurbewusste Ernährung so wertvoll ist, wie man es anwendet und zu köstlichen Gerichten verarbeitet, erfahren Sie in diesem Buch von Romy Häckelmann, die die Produkte aus der Kokosnuss für Sie entdeckt und kulinarisch aufbereitet hat.

Rund 240 leicht nachvollziehbare Rezeptanleitungen, ergänzt durch viele hilfreiche Hinweise, Tipps und weiterführende Informationen zur Wirkungsweise der Bestandteile auf den Organismus.

300 S., geb., ISBN: 978-3-940392-23-7, 23,50 €